ALVORADA CRISTÃ

FRANCISCO CÂNDIDO XAVIER

ALVORADA CRISTÃ

pelo Espírito
NEIO LÚCIO

Copyright © 1948 *by*
FEDERAÇÃO ESPÍRITA BRASILEIRA – FEB

15ª edição – Impressão pequenas tiragens – 6/2025

ISBN 978-85-7328-651-9

Todos os direitos reservados. Nenhuma parte desta publicação pode ser reproduzida, armazenada ou transmitida, total ou parcialmente, por quaisquer métodos ou processos, sem autorização do detentor do *copyright*.

FEDERAÇÃO ESPÍRITA BRASILEIRA – FEB
SGAN 603 - Conjunto F - Avenida L2 Norte
70830-106 – Brasília (DF) – Brasil
www.febeditora.com.br
editorial@febnet.org.br
+55 61 2101 6161

Pedidos de livros à FEB
Comercial
Tel.: (61) 2101 6161 – comercial@febnet.org.br

Adquirindo esta obra, você está colaborando com as ações de assistência e promoção social da FEB e com o Movimento Espírita na divulgação do Evangelho de Jesus à luz do Espiritismo.

Dados Internacionais de Catalogação na Publicação (CIP)
(Federação Espírita Brasileira – Biblioteca de Obras Raras)

L938a   Lúcio, Neio (Espírito)

       Alvorada Cristã / pelo Espírito Neio Lúcio; [psicografado por] Francisco Cândido Xavier; [ilustrações Impact Storm]. — 15. ed. – Impressão pequenas tiragens — Brasília: FEB, 2025.

       216 p.; il. color.; 23 cm

       ISBN 978-85-7328-651-9

       1. Espiritismo. 2. Obras psicografadas. I. Xavier, Francisco Cândido, 1910–2002. II. Impact Storm. III. Federação Espírita Brasileira. IV. Título.

CDD 133.93
CDU 133. 7
CDE 80.01.00

Sumário

Alvorada Cristã 7
1 Sigamos com Jesus 11
2 Na direção do bem 15
3 Pequena história 19
4 Prêmio ao sacrifício 23
5 O servo feliz 27
6 Rebeldia 31
7 O grande príncipe 35
8 O juiz reto 39
9 O ricaço distraído 43
10 O burro de carga 47
11 A lição inesquecível 51
12 A arma infalível 55
13 O servidor negligente 59
14 O descuido impensado 63
15 O poder da gentileza 67
16 A trilogia bendita 71
17 A conta da vida 75
18 A amizade real 79
19 O ensinamento vivo 83
20 O elogio da abelha 87
21 O carneiro revoltado 91
22 O pior inimigo 97
23 A decisão sábia 101
24 O aprendiz desapontado 105
25 A falsa mendiga 109

26	O grito de cólera	113
27	Carta paterna	117
28	A pregação fundamental	121
29	O barro desobediente	127
30	Dá de ti mesmo	131
31	A lenda do dinheiro	135
32	A sentença cristã	139
33	Viveremos sempre	143
34	A galinha afetuosa	147
35	Na sementeira do amor	151
36	O maior pecado	155
37	Apontamento	159
38	O remédio imprevisto	163
39	Dos animais aos meninos	167
40	A lenda da árvore	171
41	O exército poderoso	175
42	O amigo sublime	179
43	O peru pregador	183
44	Somos chamados a servir	187
45	O anjo da limpeza	191
46	No passeio matinal	197
47	O ensino da sementeira	201
48	O espírito da maldade	205
49	O Divino Servidor	209
50	Oração dos jovens	213

Alvorada cristã

As páginas de Neio Lúcio, consagradas à mente juvenil em todos os padrões da experiência física, são, em verdade, valioso curso de iluminação espiritual.

Sementeira de princípios renovadores, aqui encontramos avançadas noções de justiça e bondade para a elevação da vida. E a luta terrestre, em seus fundamentos, ainda mesmo considerada no setor expiatório, resume-se na obra educativa para a eternidade.

A instrução é, sem dúvida, a milagrosa alavanca do progresso. Sem ela, perseveraria a mente humana nos resvaladouros da ignorância, confinada à miséria, à ociosidade, à indigência e ao infortúnio, por meio da delinquência na praça pública e da correção na penitenciária.

Mas não basta esclarecer a inteligência, repetiremos ainda e sempre. É imprescindível aperfeiçoar o coração nos caminhos do bem.

Nero, o tirano, era discípulo de Sêneca, o filósofo.

Francisco Cândido Xavier/ Neio Lúcio

Tito, o príncipe admirável, que costumava dizer "perdi o meu dia", quando a noite o alcançava sem algum gesto excepcional de bondade, mandou massacrar mais de dez mil israelitas doentes, abatidos e mutilados, depois de arruinar Jerusalém.

Marco Aurélio, o imperador virtuoso e sábio, consentiu o morticínio de cristãos indefesos.

Inácio de Loiola, maravilhosamente bem-intencionado, tinha o cérebro cheio de letras quando incentivou a perseguição religiosa.

Marat, o demagogo sanguinário, era jornalista de mérito e intelectual de renome.

Todos os fazedores de guerra, ditadores e revolucionários, antigos e modernos, foram incubados no convívio de professores ilustres, de páginas científicas, de livros técnicos ou de universidades famosas.

Razão sem luz pode transformar-se em simples cálculo.

Instrução e ciência são portas de acesso à educação e à sabedoria.

Alvorada Cristã

Quem apenas conhece nem sempre sabe.

A cultura do Espírito vai mais longe: ajuda o homem a converter-se em santuário vivo, através do qual se irradia o Poder soberano e misericordioso.

Necessário, pois, semear pensamentos enobrecedores e santificantes, amparando a mente que recomeça a lição de aprimoramento individual.

Esquecer a infância e a juventude será desprezar o futuro.

Regozijando-nos, assim, com a tarefa do amigo que nos doou estas páginas cheias de sentimento paternal e de idealismo superior, saudamos, em companhia dele, a alvorada sublime de amor e paz, que resplandece, com Jesus, para a Terra de amanhã, regenerada e feliz.

EMMANUEL

Pedro Leopoldo (MG), 21 de junho de 1948.

1 Sigamos com Jesus

Maomé foi valoroso condutor de homens.

Milhões de pessoas curvaram-se-lhe às ordens.

Todavia, deixou o corpo como qualquer mortal, e seus restos foram encerrados numa urna, que é visitada, anualmente, por milhares de curiosos e seguidores.

Carlos V, poderoso imperador da Espanha, sonhou com o domínio de toda a Terra, dispôs de riquezas imensas, governou muitas regiões; entretanto, entregou um dia a coroa e o manto ao asilo de pó.

Napoleão era um grande homem.

Fez muitas guerras.

Dominou milhões de criaturas.

Deixou o nome inesquecível no livro das nações.

Hoje, porém, seu túmulo é venerado em Paris...

Francisco Cândido Xavier/ Neio Lúcio

Muita gente faz peregrinação até lá para visitar-lhe os ossos...

Como acontece a Maomé, a Carlos V e a Napoleão, os maiores heróis do mundo são lembrados em monumentos que lhes guardam os despojos.

Com Jesus, todavia, é diferente.

No túmulo de nosso Senhor, não há sinal de cinzas humanas. Nem pedrarias nem mármores de preço com frases que indiquem, ali, a presença da carne e do sangue.

Quando os Apóstolos visitaram o sepulcro, na gloriosa manhã da Ressurreição, não havia aí nem luto nem tristeza.

Lá encontraram um mensageiro do reino espiritual que lhes afirmou: "Não está aqui".

E o túmulo está aberto e vazio há quase dois mil anos.

Alvorada Cristã

Seguindo, pois, com Jesus, pela luta de cada dia, jamais encontraremos a angústia da morte, e sim a vida incessante.

No caminho de notáveis orientadores do mundo poderemos encontrar formosos espetáculos da glória passageira; contudo, é muito difícil não terminarmos a experiência em desilusão e poeira.

Somente Jesus oferece estrada invariável para a Ressurreição Divina.

Quem se desenvolve, portanto, com o exemplo e com a palavra do Mestre, trabalhando por revelar bondade e luz, em si mesmo, desde as lutas e ensinamentos do mundo, pode ser considerado cidadão celeste.

2 Na direção do bem

O Senhor tudo criou na direção do bem.

Todas as criaturas, por isso, são chamadas a produzir proveitosamente.

A erva tenra sustenta os animais.

A fonte oculta socorre o inseto humilde.

A árvore é abençoada companheira dos homens.

A flor produzirá fruto.

O fruto dar-nos-á mesa farta.

O rio distribui as águas.

A chuva lava o céu e sacia a terra sedenta.

A pedra faz o alicerce de nossa casa.

A boa palavra revela o bom caminho.

Como desconhecer os santos propósitos da vida, se a Natureza que a sustenta reflete os sábios desígnios da Providência?

Francisco Cândido Xavier/ Neio Lúcio

Grande escola para o nosso Espírito, a Terra é um livro gigantesco em que podemos ler a mensagem de amor universal que o Pai Celeste nos envia.

Desde a gota de orvalho que alimenta o cacto espinhoso à luz do sol que brilha no alto para todos os seres, podemos sentir o apelo da Infinita Sabedoria ao serviço de cooperação na felicidade, na paz e na alegria dos semelhantes.

Todo homem e toda mulher nascem no mundo para tarefas santificantes, segundo a Divina Lei.

Com alegria, o bom administrador governa os interesses do povo.

Com alegria, o bom lavrador ara o solo e protege a sementeira.

O homem que semeia no chão, garantindo a subsistência das criaturas, é irmão daquele que dirige o pensamento das nações para o conhecimento divino.

A mulher que recebe homenagens pelas suas virtudes públicas é irmã daquela que, na intimidade do lar, se sacrifica pela criancinha doente.

Alvorada Cristã

Deus conhece as pessoas pelo que produzem, assim como nós conhecemos as árvores pelos frutos que nos estendem.

Em razão disso, os homens bons são amados e respeitados.

A presença deles atrai o carinho e a veneração dos semelhantes. Os maus, todavia, são portadores de ações e palavras indesejáveis, e toda gente lhes evita o convívio, tanto quanto nos afastamos das plantas espinhosas e ingratas.

O homem bom compreende que a vida lhe pede a bênção do serviço e levanta-se cada manhã, pensando: "Que belo dia para trabalhar!".

O mau, porém, ergue-se de mau humor. Não sabe sorrir para os que o cercam e costuma exclamar: "Dia terrível! Que destino cruel! Detesto o trabalho e odeio a vida!".

Um homem qual esse precisa de auxílio dos homens bons, porque, não se dedicando ao serviço digno, será realmente muito infeliz.

3 Pequena história

Um dia, a Gota d'Água, o Raio de Luz, a Abelha e o Homem Preguiçoso chegaram ao trono de Deus.

O Todo-Poderoso recebeu-os com bondade e perguntou pelo que faziam.

A Gota d'Água avançou e disse:

— Senhor, eu estive num terreno quase deserto, auxiliando uma raiz de laranjeira. Vi muitas árvores sofrendo sede e diversos animais que passavam, aflitos, procurando mananciais. Fiz o que pude, mas venho pedir-te outras Gotas d'Água que me ajudem a socorrer quantos necessitam de nós.

O Pai sorriu satisfeito e exclamou:

— Bem-aventurada sejas pelo entendimento de minhas obras. Dar-te-ei os recursos das chuvas e das fontes.

Logo após, o Raio de Luz adiantou-se e falou:

— Senhor, eu desci... Desci... E encontrei o fundo de um abismo. Nesse antro, combati a sombra, quanto me foi possível,

Francisco Cândido Xavier/ Neio Lúcio

mas notei a presença de muitas criaturas suplicando claridade. Venho ao Céu rogar-te outros Raios de Luz que comigo cooperem na libertação de todos aqueles que, no mundo, ainda sofrem a pressão das trevas.

O Pai, contente, respondeu:

— Bem-aventurado sejas pelo serviço à Criação. Dar-te-ei o concurso do Sol, das lâmpadas, dos livros iluminados e das boas palavras que se encontram na Terra.

Depois disso, a Abelha explicou-se:

— Senhor, tenho fabricado todo o mel ao alcance de minhas possibilidades, mas vejo tantas crianças fracas e doentes que te venho implorar mais flores e mais Abelhas, a fim de aumentar a produção...

O Pai, muito feliz, abençoou-a e replicou:

— Bem-aventurada sejas pelos benefícios que prestaste. Conceder-te-ei novos jardins e novas companheiras.

Em seguida, o Homem Preguiçoso foi chamado a falar.

Fez uma cara desagradável e informou:

Alvorada Cristã

— Senhor, nada consegui fazer. Por todos os lados, encontrei a inveja e a perseguição, o ódio e a maldade. Tive os braços atados pela ingratidão dos meus semelhantes. Tanta gente má permanecia em meu caminho que, em verdade, nada pude fazer.

O Pai Bondoso, com expressão de descontentamento, exclamou:

— Infeliz de ti, que desprezaste os dons que te dei. Adormeceste na preguiça e nada fizeste. Os seres pequeninos e humildes alegraram meu trono com o relatório de seus trabalhos, mas tua boca sabe apenas queixar, como se a inteligência e as mãos que te confiei para nada valessem. Retira-te! Os filhos inúteis e ingratos não devem buscar-me a presença. Regressa ao mundo e não voltes a procurar-me enquanto não aprenderes a servir.

A Gota d'Água regressou cristalina e bela.

O Raio de Luz tornou aos abismos, brilhando cada vez mais.

A Abelha desceu zumbindo feliz.

O Homem Preguiçoso, porém, retirou-se muito triste.

4 Prêmio ao sacrifício

Três irmãos dedicados a Jesus leram no Evangelho que cada homem receberá sempre de acordo com as próprias obras, e prometeram cumprir as lições do Mestre.

O primeiro colocou-se na indústria do fio de algodão e, de tal modo se aplicou ao serviço que, em breve, passou à condição de interessado nos lucros administrativos. Dentro de 25 anos, era o chefe da organização e adquiriu títulos de verdadeiro benfeitor do povo. Ganhava dinheiro com imensa facilidade e socorria infortunados e sofredores. Dividia o trabalho equitativamente e distribuía os lucros com justiça e bondade.

O segundo estudou muito tempo e tornou-se juiz famoso. Embora gozasse do respeito e da estima dos contemporâneos, jamais olvidou os compromissos que assumira à frente do Evangelho. Defendeu os humildes, auxiliou os pobres e libertou muitos prisioneiros perseguidos pela maldade. De juiz tornou-se legislador e cooperou na confecção de leis benéficas e edificantes. Viveu sempre honrado, rico, feliz, correto e digno.

Francisco Cândido Xavier/ Neio Lúcio

O terceiro, porém, era paralítico. Não podia usar a inteligência com facilidade. Não poderia comandar uma fábrica nem dominar um tribunal. Tinha as pernas mirradas. O leito era a sua residência. Lembrou, contudo, que poderia fazer um serviço de oração e começou a tarefa pela humilde mulher que lhe fazia a limpeza doméstica.

Viu-a triste e lacrimosa e procurou conhecer-lhe as mágoas com discrição e fraternidade. Confortou-a com ternura de irmão. Convidou-a a orar e pediu para ela as bênçãos divinas.

Bastou isso e, em breve, trazidos pela servidora reconhecida, outros sofredores vinham rogar-lhe o concurso da prece. O aposento singelo encheu-se de necessitados. Orava em companhia de todos, oferecia-lhes o sorriso de confiança na bondade celeste. Comentava os benefícios da dor, expunha suas esperanças no Reino Divino. Dava de si mesmo, gastando emoções e energias no santo serviço do bem. Escrevia cartas inúmeras, consolando viúvas e órfãos, doentes e infortunados, insuflando-lhes paz e coragem. Comia pouco e repousava menos. Tanto sofreu com as dores alheias que chegou a esquecer-se de si mesmo e tanto trabalhou que perdeu o dom da vista. Cego, contudo, não ficou sozinho. Prosseguiu colaborando com os sofredores, por meio da oração, ajudando-os cada vez mais.

Morreram os três irmãos, em idade avançada, com pequena diferença de tempo.

Quando se reuniram na Vida Espiritual, veio um anjo examinar-lhes as obras com uma balança.

Alvorada Cristã

O industrial e o juiz traziam grande bagagem, que se constituía de várias bolsas, recheadas com o dinheiro e com as sentenças que haviam distribuído em benefício de muitos. O servidor da prece trazia apenas pequeno livro, em que costumava escrever suas rogativas.

O primeiro foi abençoado pelo conforto que espalhou com os necessitados, e o segundo foi também louvado pela justiça que semeara sabiamente. Quando o anjo, porém, abriu o livro do ex-paralítico, dele saiu uma grande luz, que tudo envolveu numa coroa resplandecente. A balança foi incapaz de medir-lhe a grandeza.

Então, o mensageiro falou-lhe feliz:

— Teus irmãos são benditos na Casa do Pai pelos recursos que distribuíram em favor do próximo, mas, em verdade, não é muito difícil ajudar com o dinheiro e com a fama que se multiplicam facilmente no mundo. Sê, porém, bem-aventurado, porque deste de ti mesmo, no amor santificante. Gastaste as mãos, os olhos, o coração, as forças, os sentimentos e o tempo em benefício dos semelhantes, e a Lei do Sacrifício determina que a tua moradia seja mais alta. Não transmitiste apenas os bens da vida: irradiaste os dons de Deus.

E o servidor humilde do povo foi conduzido a um Céu mais elevado, de onde passou a exercer autoridade sobre muita gente.

5 O servo feliz

Certo dia, chegaram ao Céu um Marechal, um Filósofo, um Político e um Lavrador.

Um emissário divino recebeu-os, em elevada esfera, a fim de ouvi-los.

O Marechal aproximou-se, reverente, e falou:

— Mensageiro do Comando Supremo, venho da Terra distante. Conquistei muitas medalhas de mérito, venci numerosos inimigos, recebi várias homenagens em monumentos que me honram o nome.

— Que deseja em troca de seus grandes serviços? — indagou o enviado.

— Quero entrar no Céu.

O anjo respondeu sem vacilar:

— Por enquanto, não pode receber a dádiva. Soldados e adversários, mulheres e crianças chamam-no insistentemente

da Terra. Verifique o que alegam de sua passagem pelo mundo e volte mais tarde.

O Filósofo acercou-se do preposto divino e pediu:

— Anjo do Criador Eterno, venho do acanhado círculo dos homens. Dei às criaturas muita matéria de pensamento. Fui laureado por academias diversas. Meu retrato figura na galeria dos dicionários terrestres.

— Que pretende pelo que fez? — perguntou o emissário.

— Quero entrar no Céu.

— Por agora, porém — respondeu o mensageiro sem titubear —, não lhe cabe a concessão. Muitas mentes estão trabalhando com as ideias que você deixou no mundo e reclamam-lhe a presença, de modo a saberem separar-lhe os caprichos pessoais da inspiração sublime. Regresse ao velho posto, solucione seus problemas e torne oportunamente.

O Político tomou a palavra e acentuou:

— Ministro do Todo-Poderoso, fui administrador dos interesses públicos. Assinei várias leis que influenciaram meu tempo. Meu nome figura em muitos documentos oficiais.

— Que pede em compensação? — perguntou o Missionário do Alto.

— Quero entrar no Céu.

O enviado, no entanto, respondeu firme:

— Por enquanto, não pode ser atendido. O povo mantém opiniões divergentes a seu respeito. Inúmeras pessoas

Alvorada Cristã

pronunciam-lhe o nome com amargura, e esses clamores chegam até aqui. Retorne ao seu gabinete, atenda às questões que lhe interessam a paz íntima e volte depois.

Aproximou-se, então, o Lavrador, e falou humilde:

— Mensageiro de Nosso Pai, fui cultivador da terra... Plantei o milho, o arroz, a batata e o feijão. Ninguém me conhece, mas eu tive a glória de conhecer as bênçãos de Deus e recebê-las, nos raios do sol, na chuva benfeitora, no chão abençoado, nas sementes, nas flores, nos frutos, no amor e na ternura de meus filhinhos...

O Anjo sorriu e disse:

— Que prêmio deseja?

O Lavrador pediu, chorando de emoção:

— Se Nosso Pai permitir, desejaria voltar ao campo e continuar trabalhando. Tenho saudades da contemplação dos milagres de cada dia... A luz surgindo no firmamento em horas certas, a flor desabrochando por si mesma, o pão a multiplicar-se!... Se puder, plantarei o solo novamente para ver a grandeza divina a revelar-se no grão, transformado em dadivosa espiga... Não aspiro à outra felicidade senão a de prosseguir aprendendo, semeando, louvando e servindo!...

O mensageiro espiritual abraçou-o e exclamou, chorando igualmente de júbilo:

— Venha comigo! O Senhor deseja vê-lo e ouvi-lo, porque diante do trono celestial apenas comparece quem procura trabalhar e servir sem recompensa.

6 Rebeldia

O pequeno rebelde amava a mãezinha viúva com entranhado amor; entretanto, iludido pela indisciplina, dava ouvidos aos conselhos perversos.

Estimava a leitura de episódios sensacionais, em que homens revoltados formam quadrilhas de malfeitores nas cidades grandes, e, a qualquer página edificante, preferia o folhetim com aventuras desagradáveis ou criminosas. Engolfou-se em tantas histórias de gente má que, embora a palavra materna o convidasse ao trabalho digno, trazia sempre respostas negativas e rudes na ponta da língua.

— Filho — exclamava a senhora paciente —, o homem de bem acomoda-se no serviço.

— Eu, não! — replicava zombeteiro.

— Vamos à oficina. O chefe prometeu ceder-te um lugar.

— Não vou! Não vou!...

— Mas já deixaste a escola, meu filho. É tempo de crescer e progredir nos deveres bem cumpridos.

Francisco Cândido Xavier/ Neio Lúcio

— Não fui à escola a fim de escravizar-me. Tenho inteligência. Ganharei com menor esforço.

E enquanto a genitora costurava, até tarde, de modo a manter a casa modesta, o filho, já rapaz, vivia habitualmente na rua movimentada. Tomava alcoólicos em excesso e entregava-se a companhias perigosas que, pouco a pouco, lhe degradaram o caráter.

Chegava a casa, embriagado, altas horas da noite, muita vez conduzido por guardas policiais.

Vinha a devotada mãe com o socorro de todos os instantes e rogava-lhe no outro dia:

— Filho, trabalhemos dignamente. Todo tempo é adequado à retificação dos nossos erros.

Atrevido e ingrato, resmungava:

— A senhora não me entende. Cale-se. Só fala em dever, dever, dever...

A pobre costureira pedia-lhe calma, juízo e chorava, depois, em preces.

Avançando no vício, o rapaz começou a roubar às escondidas. Assaltava instituições comerciais, onde sabia fácil o acesso ao dinheiro; e, quando a mãezinha, adivinhando-lhe as faltas, tentou aconselhá-lo, gritou:

— Mãe, não preciso de suas observações! Deixá-la-ei em paz e voltarei, mais tarde, com grande fortuna. Dar-lhe-ei casa, roupa e bem-estar com fartura. A senhora tem o pensamento preso a obrigações, porque, desde cedo, vem atravessando vida miserável.

Assim dizendo, fugiu para a via pública e não regressou ao lar.

Alvorada Cristã

Ninguém mais soube dele. Ausentara-se, definitivamente, em direção à importante metrópole, alimentando o propósito de furtar recursos alheios, de maneira a voltar muito rico ao convívio maternal.

Passou o tempo.

Um, dois, três, quatro, cinco anos...

A mãezinha, contudo, não perdeu a esperança de reencontrá-lo.

Certo dia, a imprensa estampou nos jornais o retrato de um ladrão que se tornava famoso pela audácia e inteligência.

A costureira reconheceu nele o filho e tocou para a cidade que o abrigava.

A polícia não lhe conhecia o endereço e, porque fosse difícil localizá-lo rapidamente, a senhora tomou quarto num hotel a fim de esperar.

Na terceira noite em que aí se encontrava, notou que um homem embuçado lhe penetrava o aposento às escuras. Aproximou-se apressado para surrupiar-lhe a bolsa. Ela tossiu e ia gritar por socorro quando o ladrão, temendo as consequências, agarrou-lhe a garganta e estrangulou-a.

Nos estertores da morte, a costureira reconheceu a presença do filho e murmurou debilmente:

— Meu... Meu... Filho...

Alucinado, o rapaz fez luz, identificou a mãezinha já morta e caiu de joelhos, gritando de dor selvagem.

A desobediência conduzira-o, progressivamente, ao crime e à loucura.

7 O grande príncipe

Um rei oriental, poderoso e sábio, achando-se envelhecido e doente, reuniu os três filhos, deu a cada um deles dois camelos carregados de ouro, prata e pedras preciosas e determinou-lhes gastar esses tesouros em viagens pelo reino, durante três meses, com a obrigação de voltarem, logo após, a fim de que ele pudesse efetuar a escolha do príncipe que o sucederia no trono.

Findo o prazo estabelecido, os jovens regressaram à casa paterna.

Os dois mais velhos exibiam mantos riquíssimos e chegaram com enorme ruído de carruagens, mas o terceiro vinha cansado e ofegante, arrimando-se a um bordão qual mendigo, despertando a ironia e o assombro de muita gente.

O rei bondoso abençoou-os discretamente e dispôs-se a ouvi-los, perante compacta multidão.

O primeiro aproximou-se, fez larga reverência e notificou:

— Meu pai e meu soberano, viajei em todo o centro do país e adquiri, para teu descanso, um admirável palácio, onde

Francisco Cândido Xavier/ Neio Lúcio

teu nome será venerado para sempre. Comprei escravos vigorosos que te sirvam e reuni, nesse castelo, digno de ti, todas as maravilhas de nosso tempo. Dessa moradia resplandecente, poderás governar sempre honrado, forte e feliz.

O monarca pronunciou algumas palavras de agradecimento, mostrou amoroso gesto de aprovação e mandou que o segundo filho se adiantasse:

— Meu pai e meu rei! — exclamou, contente. — Trago-te a coleção de tapetes mais ricos do mundo. Dezenas de pessoas perderam o dom da vista a fim de tecê-los. Aproxima-se da cidade uma caravana de vinte camelos, carregando essas preciosidades que te ofereço, ó augusto dirigente, para revelares tua fortuna e poder!...

O monarca expressou gratidão numa frase carinhosa e recomendou que o mais moço tomasse a palavra.

O filho mais novo, alquebrado e malvestido, ajoelhou-se e falou, então:

— Amado pai, não trouxe qualquer troféu para o teu trono venerável e glorioso... Viajei pela terra que o Supremo Senhor te confiou, de norte a sul e de leste a oeste, e vi que os súditos esperam de teu governo a paz e o bem-estar, tanto quanto o crente aguarda a felicidade da proteção do Céu... Nas montanhas, encontrei a febre devorando corpos mal abrigados e movimentei médicos e remédios em favor dos sofredores. Ao norte, vi a ignorância dominando milhares de meninos e jovens desamparados e instalei escolas em nome de tua administração justiceira. A oeste, nas regiões pantanosas, fui surpreendido por bandos de leprosos[1]

---

1 N.E.: Na época em que esta obra foi escrita, esse termo era comum, mas atualmente é considerado pejorativo e/ou preconceituoso. Hoje, o termo utilizado é hanseniano ou portador de hanseníase.

e dei-lhes conveniente asilo em teu nome. Nas cidades do Sul, notei que centenas de mulheres e crianças são vilmente exploradas pela maldade humana e iniciei a construção de oficinas em que o trabalho edificante as recolha. Nas fronteiras, conheci inúmeros escravos de ombros feridos, amargurados e doentes, e libertei-os, anunciando-lhes a magnanimidade de tua coroa!...

A comoção interrompeu-o. Fez-se grande silêncio e viu-se que o velho soberano mostrava os olhos cheios de lágrimas.

O rapaz cobrou novo ânimo e terminou:

— Perdoa-me se entreguei teu dinheiro aos necessitados e desculpa-me se regresso à tua presença envolvido em extrema pobreza, por haver conhecido, de perto, a miséria, a enfermidade, a ignorância e a fome nos domínios que o Céu conferiu às tuas mãos benfeitoras... A única dádiva que te trago, amado pai, é o meu coração reconhecido pelo ensinamento que me deste, permitindo-me contemplar o serviço que me cabe fazer... Não desejo descansar enquanto houver sofrimento neste reino, porque aprendi contigo que as necessidades dos filhos do povo são iguais às dos filhos do rei!...

O velho monarca, em pranto, muito trêmulo, desceu do trono, abraçou demoradamente o filho esfarrapado, retirou a coroa e colocou-a sobre a fronte dele, exclamando solene:

— Grande príncipe: Deus, o Eterno Senhor te abençoe para sempre! É a ti que compete o direito de governar, enquanto viveres.

A multidão aplaudiu, delirando de júbilo, enquanto o jovem soberano, ajoelhado, soluçava de emoção e reconhecimento.

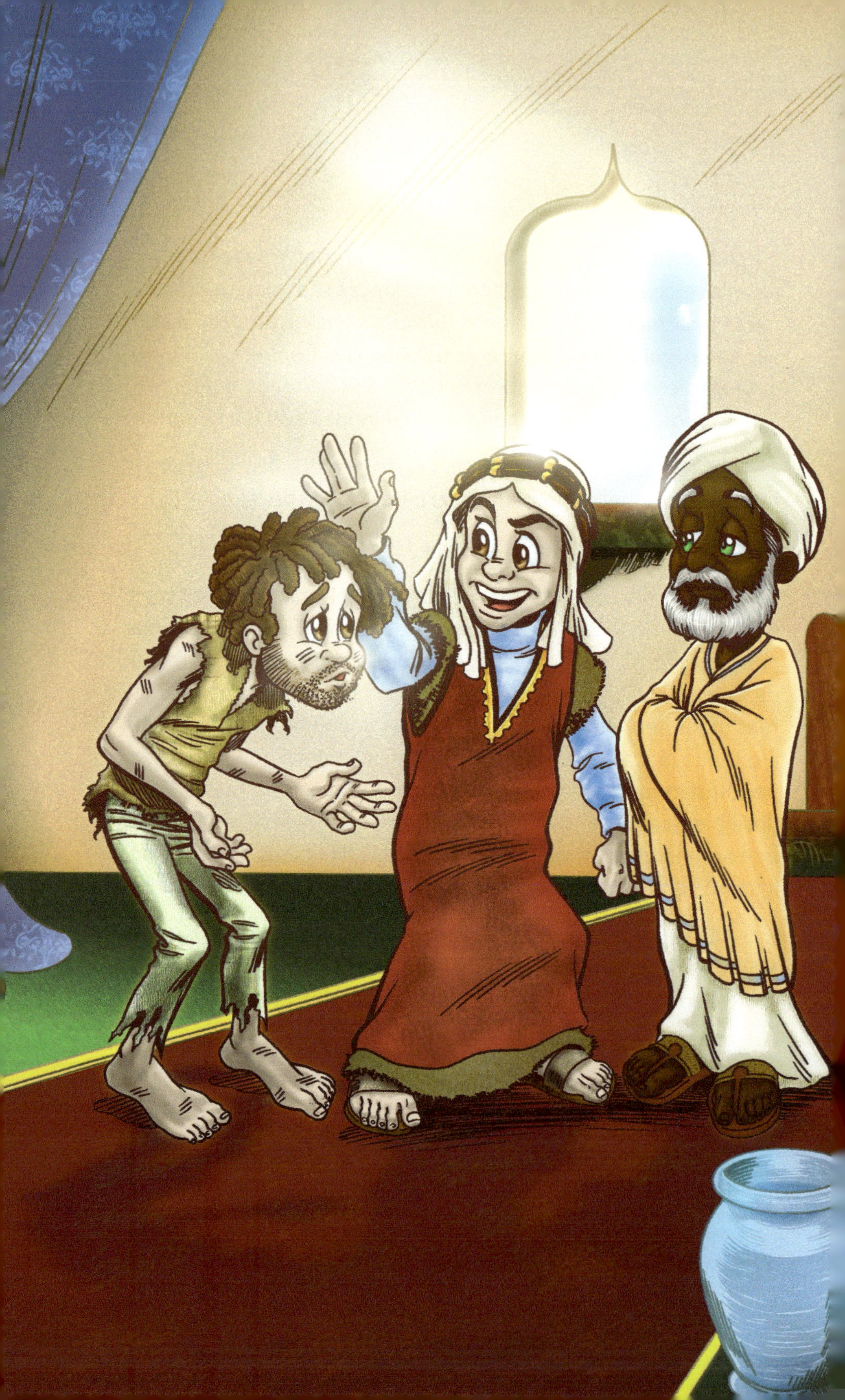

8 O juiz reto

Ao tribunal de Eliaquim ben Jefté, juiz respeitável e sábio, compareceu o negociante Jonatan ben Cafar arrastando Zorobabel, miserável mendigo.

— Este homem — clamou o comerciante furioso — impingiu-me um logro de vastas proporções! Vendeu-me um colar de pérolas falsas por cinco peças de ouro, asseverando que valiam cinco mil. Comprei as joias, crendo haver realizado excelente negócio, descobrindo, afinal, que o preço delas é inferior a dois ovos cozidos. Reclamei diretamente contra o mistificador, mas este vagabundo já me gastou o rico dinheiro. Exijo para ele as penas da justiça! É ladrão reles e condenável!...

O magistrado, porém, que cultuava a Justiça Suprema, recomendou que o acusado se pronunciasse por sua vez:

— Grande juiz — disse ele timidamente —, reconheço haver transgredido os regulamentos que nos regem. Entretanto, tenho meus dois filhos estirados na cama e debalde procuro trabalho digno, pois mo recusam sempre, a pretexto de minha idade e de minha pobre apresentação. Realmente, enganei o meu próximo e sou criminoso, mas prometo resgatar meu débito logo que puder.

O juiz meditou longamente e sentenciou:

— Para Zorobabel, o mendigo, 5 bastonadas entre quatro paredes, a fim de que aprenda a sofrer honestamente, sem assalto à bolsa dos semelhantes; e, para Jonatan, o mercador, 20 bastonadas, na praça pública, de modo a não mais abusar dos humildes.

O negociante protestou revoltado:

— Que ouço?! Sou vítima de um ladrão e devo pagar por faltas que não cometi? Iniquidade! Iniquidade!...

O magistrado, todavia, bateu forte com um martelo sobre a mesa, chamando a atenção dos presentes, e esclareceu em voz alta:

— Jonatan ben Cafar, a justiça verdadeira não reside na Terra para examinar as aparências. Zorobabel, o vagabundo, chefe de uma família infeliz, furtou-te cinco peças de ouro no propósito de socorrer os filhos desventurados, porém, tu, por tua vez, tentaste roubar dele, valendo-te do infortúnio que o persegue, apoderando-te de um objeto que acreditaste valer cinco mil peças de ouro ao preço irrisório de cinco. Quem é mais nocivo à sociedade perante Deus: o mísero esfomeado que rouba um pão a fim de matar a fome dos filhos, ou o homem já atendido pela Bondade do Eterno, com os dons da fortuna e da habilidade, que absorve para si uma padaria inteira a fim de abusar, calculadamente, da alheia indigência? Quem furta por necessidade pode ser um louco, mas quem acumula riquezas, indefinidamente, sem movimentá-las no trabalho construtivo ou na prática do bem, com absoluta despreocupação pelas angústias dos pobres, muita vez passará por inteligente e sagaz aos olhos daqueles que, no mundo, adormeceram no egoísmo e na ambição desmedida, mas é malfeitor diante do Todo-Poderoso que nos julgará a todos no momento oportuno.

E, sob a vigilância de guardas robustos, Zorobabel tomou 5 bastonadas, em sala de portas lacradas, para aprender a sofrer sem roubar, e Jonatan apanhou 20, na via pública, de modo a não mais explorar, sem escrúpulos, a miséria, a simplicidade e a confiança do povo.

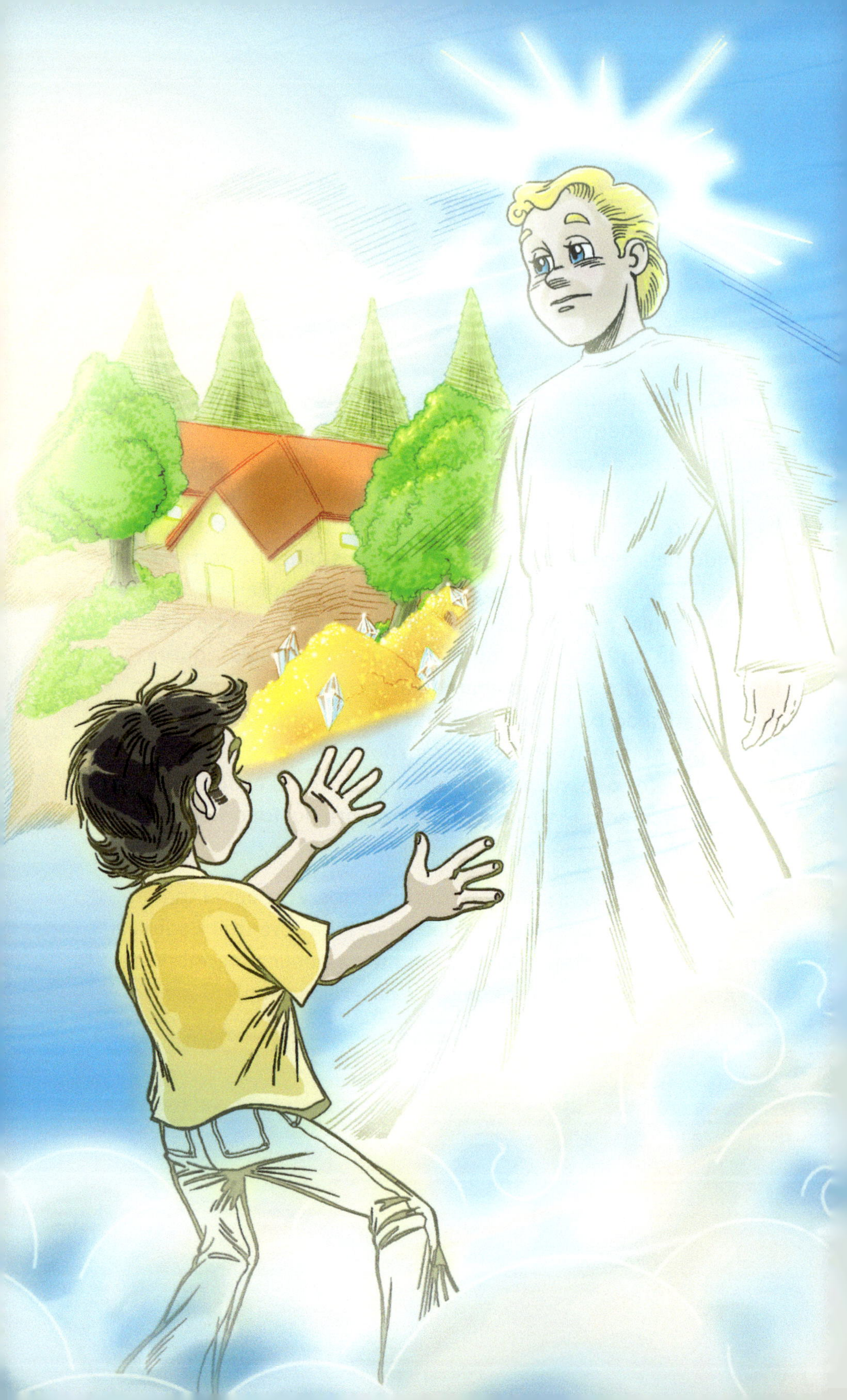

9 O ricaço distraído

Existiu um homem devoto que chegou ao Céu e, sendo recebido por um anjo do Senhor, implorou, enlevado:

— Mensageiro divino, que devo fazer para vir morar, em definitivo, ao lado de Jesus?

— Faze o bem — informou o anjo — e volta mais tarde.

— Posso rogar-te recursos para semelhante missão?

— Pede o que desejas.

— Quero dinheiro, muito dinheiro, para socorrer o meu próximo.

O emissário estranhou o pedido e considerou:

— Nem sempre o ouro é o auxiliar mais eficiente para isso.

— Penso, contudo, meu santo amigo, que, sem ouro, é muito difícil praticar a caridade.

— E não temes as tentações do caminho?

— Não.

Francisco Cândido Xavier/ Neio Lúcio

— Terás o que almejas — afirmou o mensageiro —, mas não te esqueças de que o tesouro de cada homem permanece onde tem o coração, porque toda alma reside onde coloca o pensamento. Tuas possibilidades materiais serão multiplicadas. No entanto, não olvides que as dádivas divinas, quando retidas despropositadamente pelo homem, sem qualquer proveito para os semelhantes, transformam-no em prisioneiro delas. A Lei determina sejamos escravos dos excessos a que nos entregarmos.

Prometeu o homem exercer a caridade, servir extensamente e retornou ao mundo.

Os anjos da prosperidade começaram, então, a ajudá-lo.

Multiplicaram-lhe, de início, as peças de roupa e os pratos de alimentação; todavia, o devoto já remediado suplicou mais roupas e mais alimentos. Deram-lhe casa e haveres. Longe, contudo, de praticar o bem, considerava sempre escassos os dons que possuía e rogou mais casas e mais haveres. Trouxeram-lhe rebanhos e chácaras, mas o interessado em subir ao paraíso pela senda da caridade, temendo agora a miséria, implorou mais rebanhos e mais chácaras. Não cedia um quarto, nem dava uma sopa a ninguém, declarando-se sem recursos para auxiliar os necessitados e esperava sempre mais, a fim de distribuir algum pão com eles. No entanto, quanto mais o Céu lhe dava, mais exigia do Céu.

De espontâneo e alegre que era, passou a ser desconfiado, carrancudo e arredio.

Receando amigos e inimigos, escondia grandes somas em caixa-forte e, quando envelheceu de todo, veio a morte separando-o da imensa fortuna.

Com surpresa, acordou em Espírito, deitado no cofre grande.

Alvorada Cristã

Objetos preciosos, pedaços de ouro e prata e vastas pilhas de cédulas usadas serviam-lhe de leito. Tinha fome e sede, mas não podia servir-se das moedas; queria a liberdade, porém, as notas de banco pareciam agarrá-lo à maneira do visco retentor de pássaro cativo.

— Santo anjo! — gritou em pranto. — Vem! Ajuda-me a partir em direção à Casa Celestial!...

O mensageiro dignou-se baixar até ele e, reparando-lhe o sofrimento, exclamou:

— É muito tarde para súplicas! Estás sufocado pela corrente de facilidades materiais que o Senhor te confiou, porque a fizeste rolar tão somente em torno de ti, sem qualquer benefício para os irmãos de luta e experiência...

— E que devo fazer — implorou o infeliz — para retomar a paz e ganhar o paraíso?

O anjo pensou, pensou... E respondeu:

— Espalha com proveito as moedas que ajuntaste inutilmente, desfaze-te da terra vasta que retiveste em vão, entrega à circulação do bem todos os valores que recebeste do Tesouro Divino e que amontoaste em derredor de teus pés, atendendo ao egoísmo, à vaidade, à avareza e à ambição destrutiva e, depois disso, vem a mim para retomarmos o entendimento efetuado há sessenta anos...

Reconhecendo, porém, o homem que já não dispunha de um corpo de carne para semelhante serviço, começou a gritar e blasfemar como se o Inferno estivesse morando em sua própria consciência.

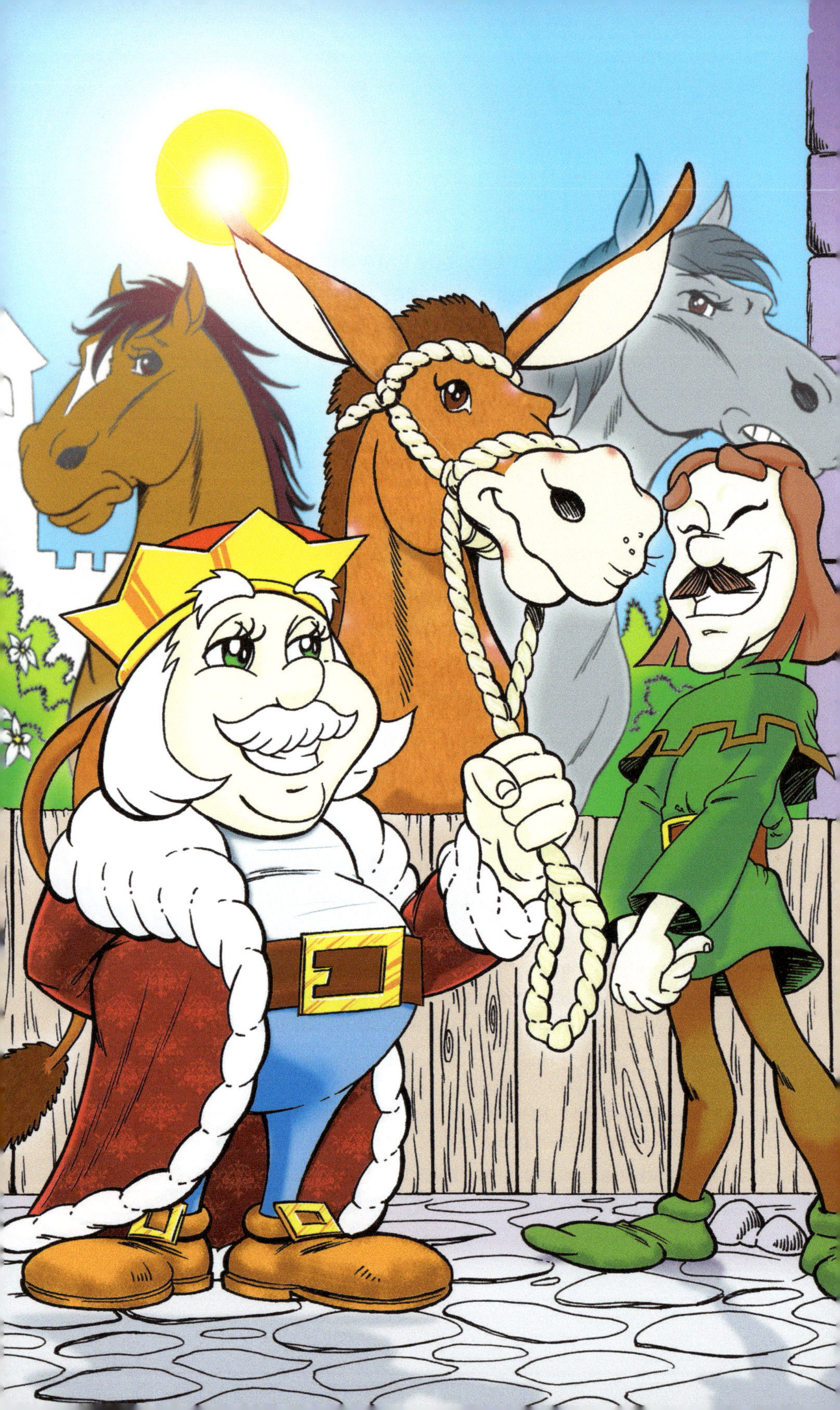

10 O burro de carga

No tempo em que não havia automóveis, na cocheira de famoso palácio real, um burro de carga curtia imensa amargura em vista das pilhérias e remoques dos companheiros de apartamento.

Reparando-lhe o pelo maltratado, as fundas cicatrizes do lombo e a cabeça tristonha e humilde, aproximou-se formoso cavalo árabe, que se fizera detentor de muitos prêmios, e disse orgulhoso:

— Triste sina a que recebeste! Não invejas minha posição nas corridas? Sou acariciado por mãos de princesas e elogiado pela palavra dos reis!

— Pudera! — exclamou um potro de fina origem inglesa. — Como conseguirá um burro entender o brilho das apostas e o gosto da caça?

O infortunado animal recebia os sarcasmos resignadamente.

Outro soberbo cavalo, de procedência húngara, entrou no assunto e comentou:

— Há dez anos, quando me ausentei de pastagem vizinha, vi este miserável sofrendo rudemente nas mãos de bruto amansador. É tão covarde que não chegava a reagir, nem mesmo com um coice. Não nasceu senão para carga e pancadas. É vergonhoso suportar-lhe a companhia.

Nisto, admirável jumento espanhol acercou-se do grupo e acentuou sem piedade:

— Lastimo reconhecer neste burro um parente próximo. É animal desonrado, fraco, inútil... Não sabe viver senão sob pesadas disciplinas. Ignora o aprumo da dignidade pessoal e desconhece o amor-próprio. Aceito os deveres que me competem até o justo limite; mas, se me constrangem a ultrapassar as obrigações, recuso-me à obediência, pinoteio e sou capaz de matar.

As observações insultuosas não haviam terminado, quando o rei penetrou o recinto em companhia do chefe das cavalariças.

— Preciso de um animal para serviço de grande responsabilidade — informou o monarca —, animal dócil e educado, que mereça absoluta confiança.

O empregado perguntou:

— Não prefere o árabe, Majestade?

— Não, não — falou o soberano —, é muito altivo e só serve para corridas em festejos oficiais sem maior importância.

— Não quer o potro inglês?

— De modo algum. É muito irrequieto e não vai além das extravagâncias da caça.

— Não deseja o húngaro?

— Não, não. É bravio, sem qualquer educação. É apenas um pastor de rebanho.

— O jumento serviria? — insistiu o servidor atencioso.

— De maneira nenhuma. É manhoso e não merece confiança.

Decorridos alguns instantes de silêncio, o soberano indagou:

— Onde está o meu burro de carga?

O chefe das cocheiras indicou-o entre os demais.

O próprio rei puxou-o carinhosamente para fora, mandou ajaezá-lo com as armas resplandecentes de sua casa e confiou-lhe o filho, ainda criança, para longa viagem.

Assim também acontece na vida. Em todas as ocasiões, temos sempre grande número de amigos, de conhecidos e companheiros, mas somente nos prestam serviços de utilidade real aqueles que já aprenderam a suportar, servir e sofrer, sem cogitar de si mesmos.

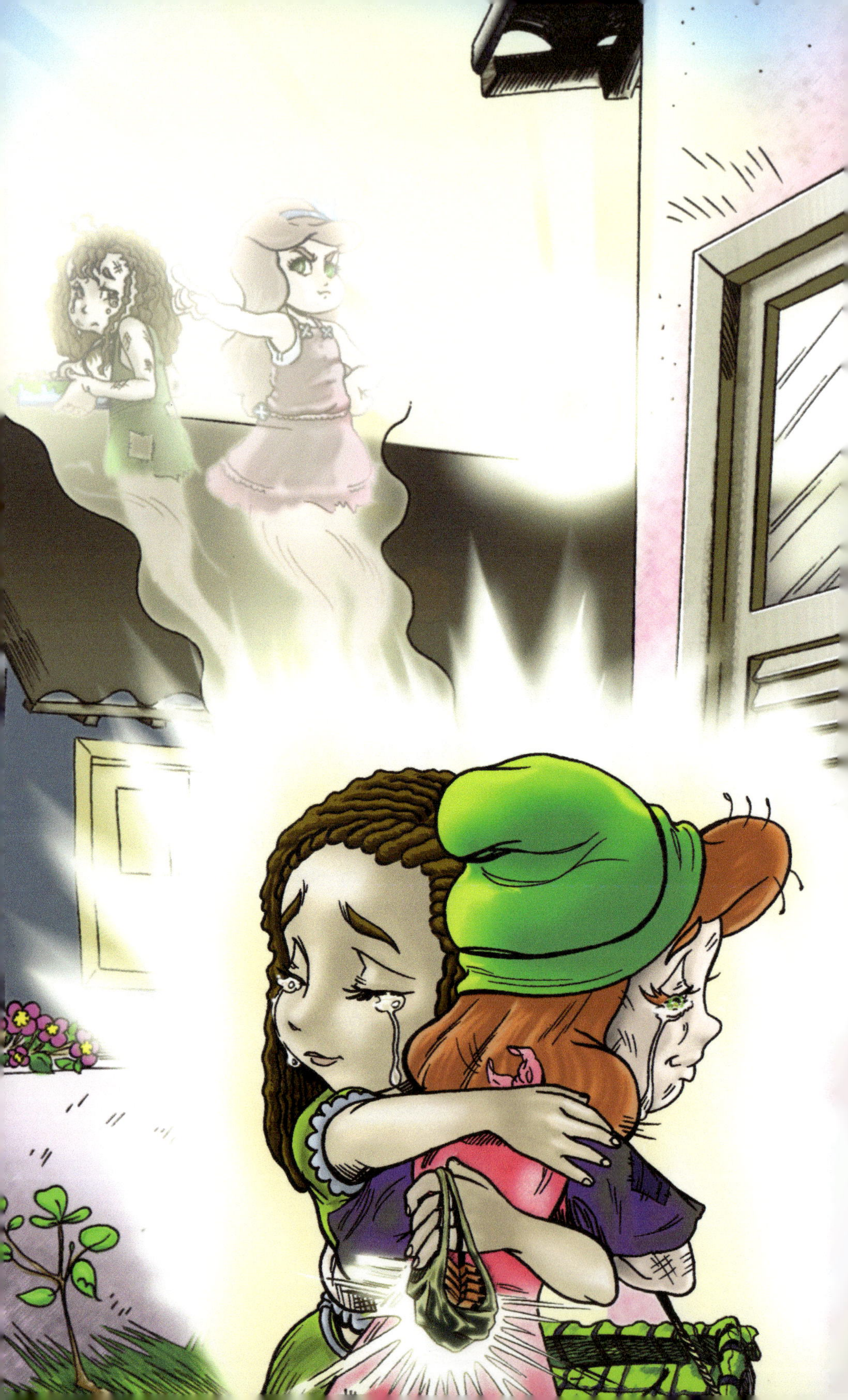

11 A lição inesquecível

Hilda, menina abastada, diariamente dirigia más palavras à pequena vendedora de doces que lhe batia humildemente à porta da casa.

— Que vergonha! De bandeja! De esquina em esquina! Vai-te daqui! — gritava sem razão.

A modesta menina se punha pálida e trêmula. Entrementes, a dona da casa, tentando educar a filha, vinha ao encontro da pequena humilhada e dizia bondosa:

— Que doces tão perfeitos! Quem os fez assim tão lindos?

A mocinha, reanimada, respondia contente:

— Foi a mamãe.

A generosa senhora comprava sempre alguma coisa e, em seguida, recomendava à filha:

— Hilda, não brinques com o destino. Nunca expulses o necessitado que nos procura. Quem sabe o que sucederá amanhã? Aqueles que socorremos serão provavelmente os nossos benfeitores.

A menina resmungava e, à noite, ao jantar, o pai secundava os conselhos maternos, acrescentando:

— Não zombes de ninguém, minha filha! O trabalho, por mais humilde, é sempre respeitável e edificante. Por certo, dolorosas necessidades impelirão uma criança a vender doces de porta em porta.

Hilda, contudo, no dia seguinte, fustigava a vendedora, exclamando:

— Fora daqui! Bruxa! Bruxa!...

A mãe devotada acolhia a pequena descalça e repetia à filha as advertências carinhosas da véspera.

Correu o tempo e, depois de quatro anos, o quadro da vida se modificara.

O paizinho de Hilda adoeceu e debalde os médicos procuraram salvá-lo. Morreu numa tarde calma, deixando o lar vazio.

A viúva recolheu-se ao leito extremamente abatida e, com as despesas enormes, em breve a pobreza e o desconforto invadiram-lhe a residência. A pobre senhora mal podia mover-se.

Privações chegaram em bando. A menina, anteriormente abastada, não podia agora comprar nem mesmo um par de sapatos.

Aflita por resolver a angustiosa situação, certa noite Hilda chorou muitíssimo, lembrando-se do papai. Dormiu, lacrimosa, e sonhou que ele vinha do Céu confortá-la. Ouviu-o dizer perfeitamente:

— Não desanimes, minha filha! Vai trabalhar! Vende doces para auxiliar a mamãe!...

Despertou, no dia imediato, com o propósito firme de seguir o conselho.

Ajudou a mãezinha enferma a fazer muitos quadradinhos de doce de leite e, logo após, saiu a vendê-los. Algumas pessoas generosas compravam-nos com evidente intuito de auxiliá-la; entretanto, outras criaturas, principalmente meninos perversos, gritavam-lhe aos ouvidos:

— Sai daqui! Bruxa de bandeja!...

Sentia-se triste e desalentada quando bateu à porta de uma casa modesta. Graciosa jovem atendeu.

Ah! que surpresa! Era a menina pobre que costumava vender cocadas noutro tempo. Estava crescidinha, bem-vestida e bonita.

Hilda esperou que ela a maltratasse por vingança, mas a jovem humilde fitou nela os grandes olhos, reconheceu-a, compreendeu-lhe a nova situação e exclamou contente:

— Que doces tão perfeitos! Quem os fez assim tão lindos?

A interpelada lembrou os ensinamentos maternos de anos passados e informou:

— Foi a mamãe.

A ex-vendedora comprou quantos quadradinhos restavam na bandeja e abraçou-a com sincera amizade.

Desse dia em diante, a menina vaidosa transformou-se para sempre. A experiência lhe dera inesquecível lição.

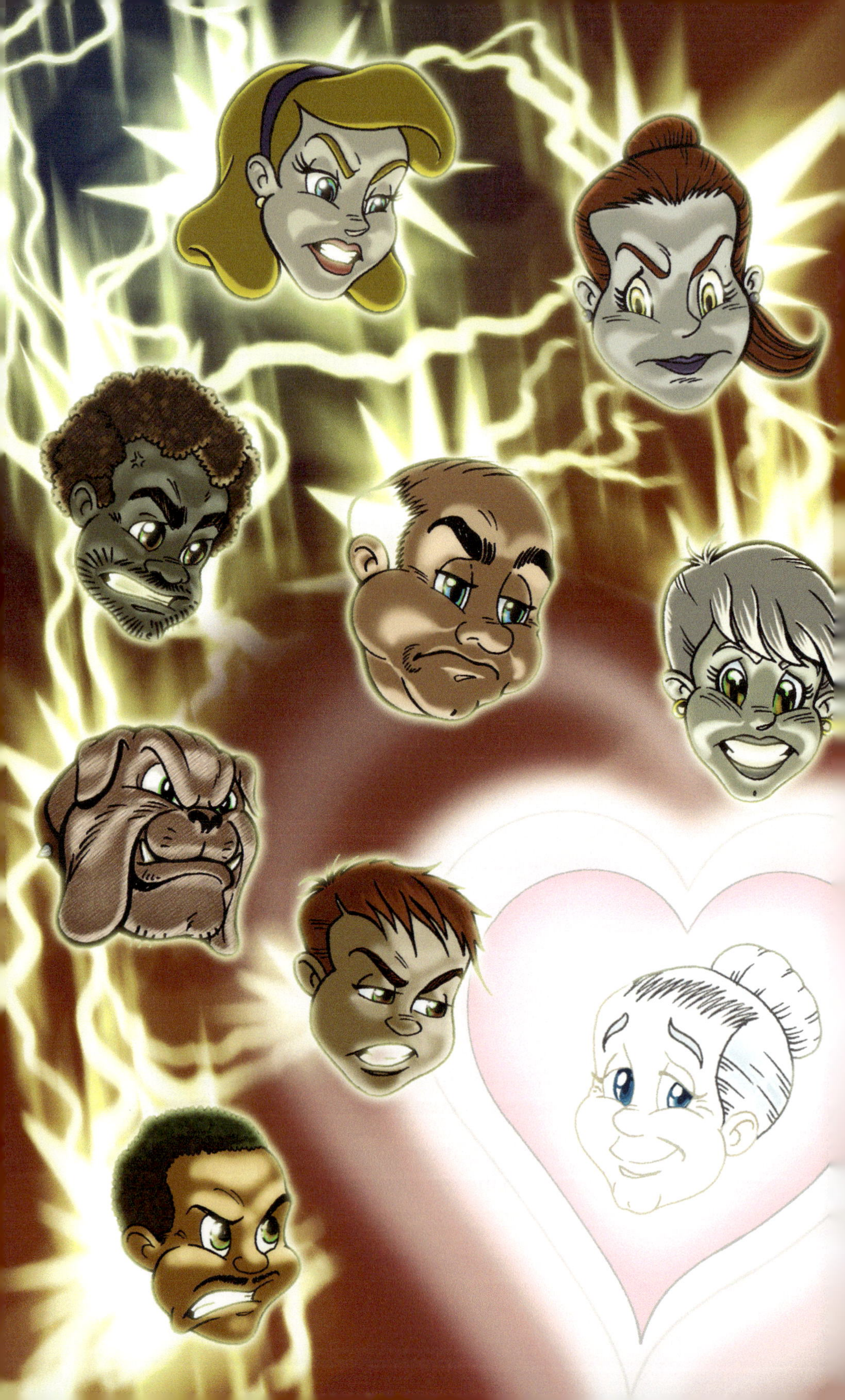

12 A arma infalível

Certo dia, um homem revoltado criou um poderoso e longo pensamento de ódio, colocou-o numa carta rude e malcriada e mandou-a para o chefe da oficina de que fora despedido.

O pensamento foi vazado em forma de ameaças cruéis. E, quando o diretor do serviço leu as frases ingratas que o expressava, acolheu-o, desprevenidamente, no próprio coração, e tornou-se furioso sem saber o porquê. Encontrou, quase de imediato, o subchefe da oficina e, a pretexto de enxergar uma pequena peça quebrada, desfechou sobre ele a bomba mental que trazia consigo.

Foi a vez de o subchefe tornar-se neurastênico, sem dar o motivo. Abrigou a projeção maléfica no sentimento, permaneceu amuado várias horas e, no instante do almoço, em vez de alimentar-se, descarregou na esposa o perigoso dardo intangível. Tão só por ver um sapato imperfeitamente engraxado, proferiu dezenas de palavras feias; sentiu-se aliviado, e a mulher passou a asilar no peito a odienta vibração, em forma de cólera inexplicável. Repentinamente transtornada pelo raio que a ferira e que, até ali, ninguém soubera remover, encaminhou-se para a empregada que se incumbia do serviço de calçados e desabafou. Com palavras indesejáveis, inoculou-lhe no coração o estilete invisível.

Agora, era uma pobre menina quem detinha o tóxico mental. Não podendo despejá-lo nos pratos e xícaras ao alcance de suas mãos, em vista do enorme débito em dinheiro que seria compelida a aceitar, acercou-se de velho cão, dorminhoco e paciente, e transferiu-lhe o veneno imponderável num pontapé de largas proporções.

O animal ganiu e disparou, tocado pela energia mortífera, e, para livrar-se desta, mordeu a primeira pessoa que encontrou na via pública.

Era a senhora de um proprietário vizinho que, ferida na coxa, se enfureceu instantaneamente, possuída pela força maléfica. Em gritaria desesperada, foi conduzida a certa farmácia; entretanto, deu-se pressa em transferir ao enfermeiro que a socorria a vibração amaldiçoada. Crivou-o de xingamentos e esbofeteou-lhe o rosto.

O rapaz muito prestativo, de calmo que era, converteu-se em fera verdadeira. Revidou os golpes recebidos com observações ásperas e saiu, alucinado, para a residência, onde a velha e devotada mãezinha o esperava para a refeição da tarde. Chegou e descarregou sobre ela toda a ira de que era portador.

Alvorada Cristã

— Estou farto! — bradou. — A senhora é culpada dos aborrecimentos que me perseguem! Não suporto mais esta vida infeliz! Fuja de minha frente!...

Pronunciou nomes terríveis. Blasfemou. Gritou, colérico, qual louco.

A velhinha, porém, longe de agastar-se, tomou-lhe as mãos e disse-lhe com naturalidade e brandura:

— Venha cá, meu filho! Você está cansado e doente! Sei a extensão de seus sacrifícios por mim e reconheço que tem razão para lamentar-se. No entanto, tenhamos bom ânimo! Lembremo-nos de Jesus!... Tudo passa na Terra. Não nos esqueçamos do amor que o Mestre nos legou...

Abraçou-o, comovida, e afagou-lhe os cabelos!

O filho demorou-se a contemplar-lhe os olhos serenos e reconheceu que havia, no carinho materno, tanto perdão e tanto entendimento que começou a chorar, pedindo-lhe desculpas.

Houve então entre os dois uma explosão de íntimas alegrias. Jantaram felizes e oraram em sinal de reconhecimento a Deus.

A projeção destrutiva do ódio morrera, afinal, ali, dentro do lar humilde, diante da força infalível e sublime do amor.

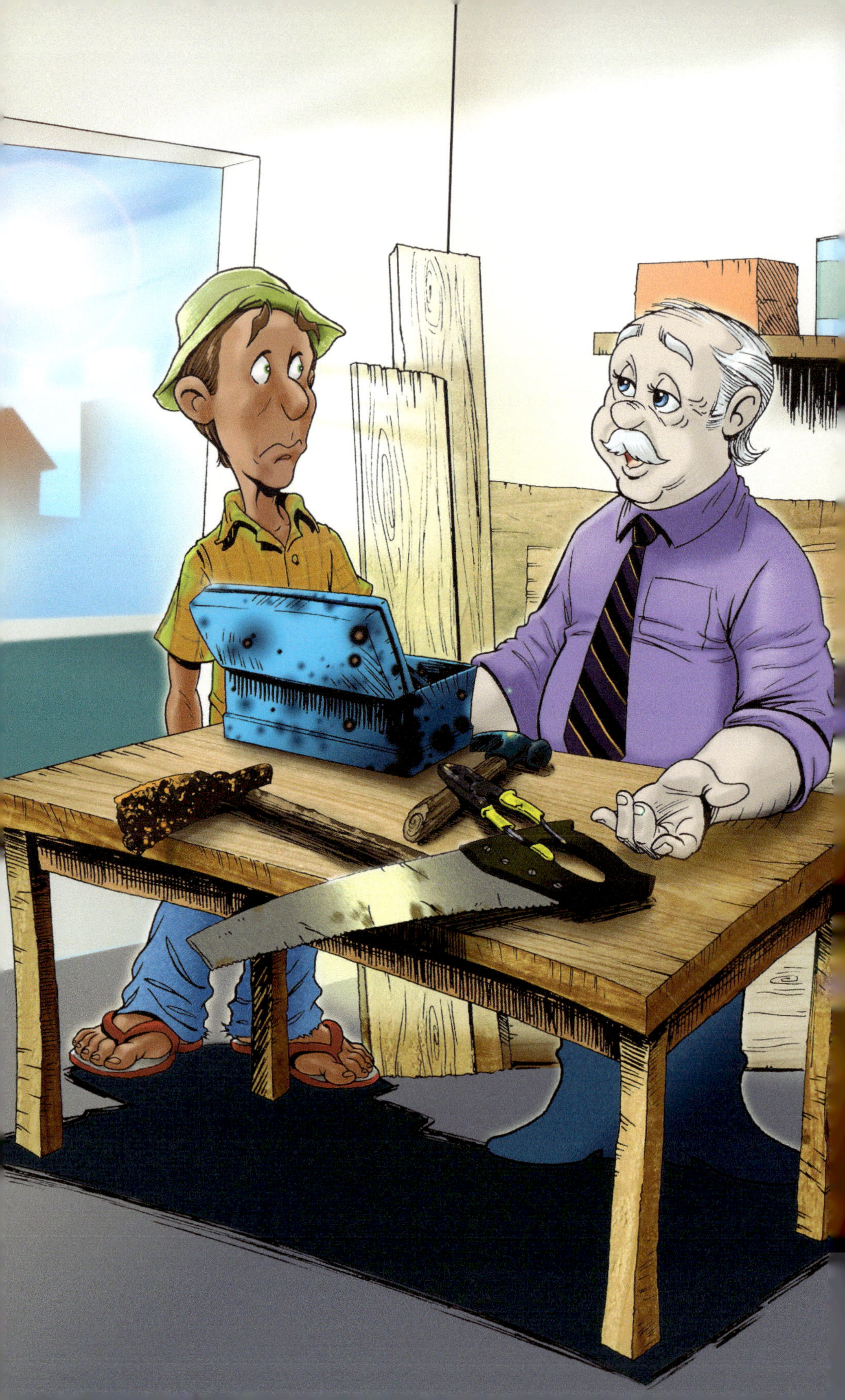

13 O servidor negligente

À porta de grande carpintaria, chegou um rapaz, de caixa às costas, à procura de emprego.

Parecia humilde e educado.

O diretor da instituição compareceu atencioso para atendê-lo.

— Tem serviço com que me possa favorecer? — indagou o jovem respeitoso, depois das saudações habituais.

— As tarefas são muitas — elucidou o chefe.

— Oh! por favor! — tornou o interessado — Meus velhos pais necessitam de amparo. Tenho batido, em vão, à porta de várias oficinas. Ninguém me socorre. Contentar-me-ei com salário reduzido e aceitarei o horário que desejar.

O diretor muito calmo acentuou:

— Trabalho não falta...

Francisco Cândido Xavier/ Neio Lúcio

E, enquanto o candidato mostrava um sorriso de esperança, acrescentou:

— Traz suas ferramentas em ordem?

— Perfeitamente — respondeu o interpelado.

— Vejamo-las.

O moço abriu a caixa que trazia. Metia pena reparar-lhe os instrumentos.

A enxó se achava deformada pela ferrugem grossa.

O serrote mostrava vários dentes quebrados.

O martelo tinha cabo incompleto.

O alicate estava francamente desconjuntado.

Diversos formões não atenderiam a qualquer apelo de serviço, tal a imperfeição que apresentavam seus gumes.

Poeira espessa recobria todos os objetos.

O dirigente da oficina observou... Observou... E disse desencantado:

— Para o senhor, não temos qualquer trabalho.

— Oh! Por quê? — interrogou o rapaz, em tom de súplica.

O diretor esclareceu sem azedume:

— Se o senhor não tem cuidado com as ferramentas que lhe pertencem, como preservará nossas máquinas? Se é indiferente naquilo em que deve sentir-se honrado, chegará a ser útil aos interesses alheios? Quem não zela atentamente no "pouco" de que dispõe, não é digno de receber o "muito". Aprenda a cuidar das coisas aparentemente sem importância. Pelas amostras, grandes negócios se realizam neste mundo, e o menosprezo para consigo é indesejável mostruário de sua indiferença perniciosa. Aproveite a experiência e volte mais tarde.

Não valeram petitórios do moço necessitado.

Foi compelido a retirar-se, em grande abatimento, guardando a dura lição.

Assim também acontece no caminho comum.

Quem deseja o corpo iluminado e glorioso na espiritualidade, além da morte, cuide respeitosamente do corpo físico.

Quem aspira à companhia dos anjos mostre boas maneiras, boas palavras e boas ações aos vizinhos.

Quem espera a colheita de alegrias no futuro aproveite a hora presente, na sementeira do bem.

E quantos sonharem com o Céu tratem de fazer um caminho de elevação na Terra mesma.

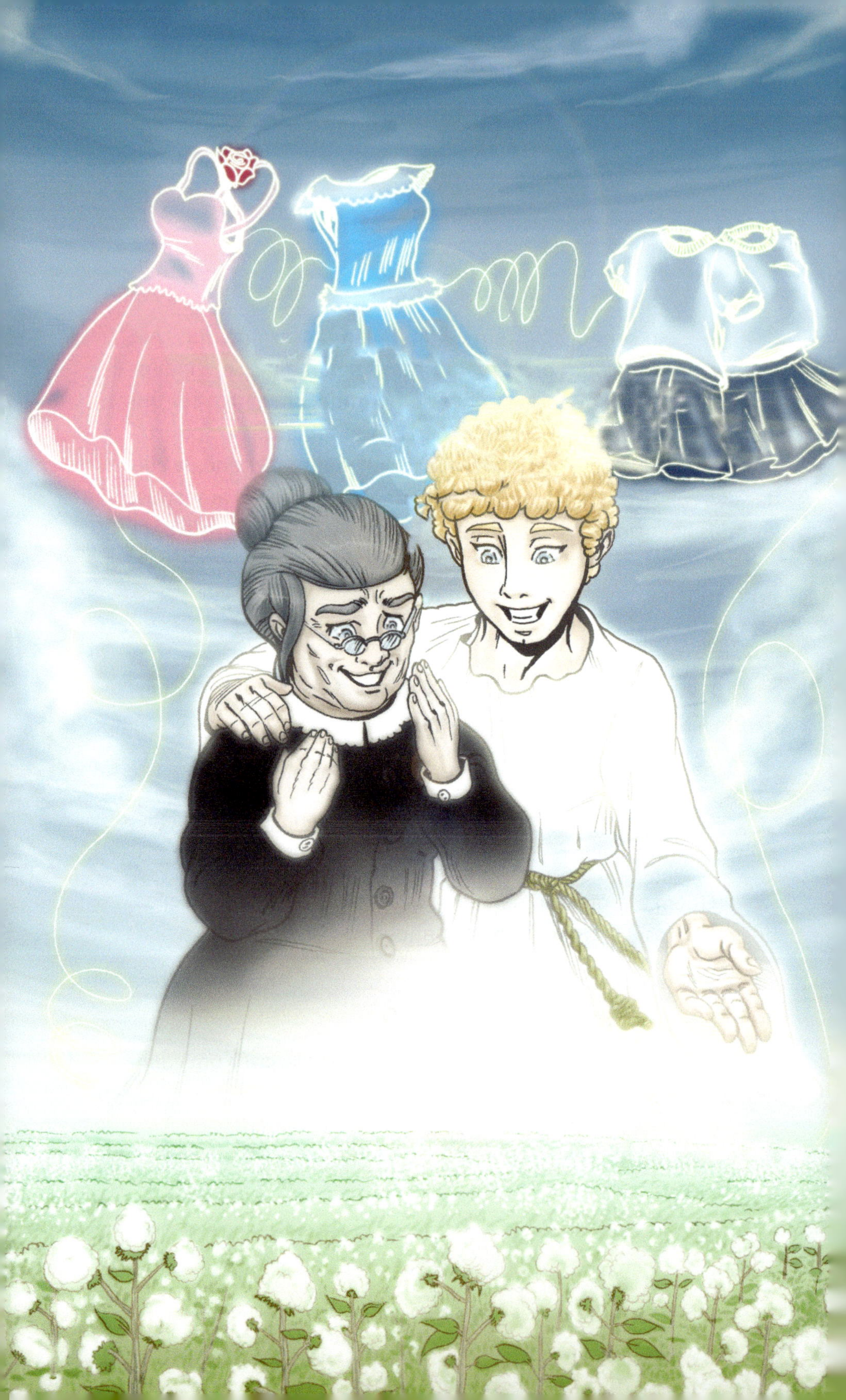

14 O descuido impensado

No orfanato em que trabalhava, Irmã Clara era o ídolo de toda gente pelas virtudes que lhe adornavam o caráter.

Era meiga, devotada, diligente.

Daquela boca educada não saíam más palavras.

Se alguém comentava faltas alheias, vinha solícita, aconselhando:

— Tenhamos compaixão...

Inclinava a conversa em favor da benevolência e da paz.

Insuflava em quantos a ouviam o bom ânimo e o amor ao dever.

Além do mais, estimulava, acima de tudo, em todos os circunstantes a boa vontade de trabalhar e servir para o bem.

— Irmã Clara — dizia uma educadora —, tenho necessidade do vestido para o sábado próximo.

Ela, que era a costureira dedicada de todos, respondia contente:

— Trabalharemos até mais tarde. A peça ficará pronta.

— Irmã — intervinha uma das criadas —, e o avental?

— Amanhã será entregue — dizia Clara, sorrindo.

Em todas as atividades, mostrava-se a desvelada criatura qual Anjo de bondade e paciência.

Invariavelmente rodeada de novelos de linha, respirava entre a agulha e a máquina de costurar.

Nas horas da prece, demorava-se longamente contrita na oração.

Com a passagem do tempo, tornava-se cada vez mais respeitada. Seus pareceres eram procurados com interesse.

Transformara-se em admirável autoridade da vida cristã.

Em verdade, porém, fazia por merecer as considerações de que era cercada.

Amparava sem alarde.

Auxiliava sem preocupação de recompensa.

Sabia ser bondosa, sem humilhar a ninguém com demonstrações de superioridade.

Rolaram os anos, como sempre, e chegou o dia em que a morte a conduziu para a vida espiritual.

Na Terra, o corpo da inesquecível benfeitora foi rodeado de flores e bênçãos, homenagens e cânticos, e sua alma subiu, gloriosamente, para o Céu.

Um anjo recebeu-a, carinhoso e alegre, à entrada.

Cumprimentou-a. Reportou-se aos bens que ela espalhara, todavia, sob impressão de assombro, Irmã Clara ouviu-o informar:

— Lastimo não possa demorar-se conosco senão por três semanas.

— Oh! Por quê? — interrogou a valorosa missionária.

— Será compelida a voltar, tomando novo corpo de carne no mundo — esclareceu o mensageiro.

— Como assim?

O anjo fitou-a bondoso e respondeu:

— A irmã foi extremamente virtuosa; entretanto, na posição espiritual em que se encontrava não poderia cometer tão grande descuido. Desperdiçou uma enormidade de fios de linha impensadamente. Os novelos que perdeu, por alhear-se à noção de aproveitamento, davam para costurar alguns milhares de vestidos para crianças desamparadas.

— Oh! Oh! Deus me perdoe! — exclamou a santa desencarnada. — E como resgatarei a dívida?

O anjo abraçou-a carinhoso e reconfortou-a dizendo:

— Não tema. Todos nós a ajudaremos, mas a querida irmã recomeçará sua tarefa no mundo, plantando um algodoal.

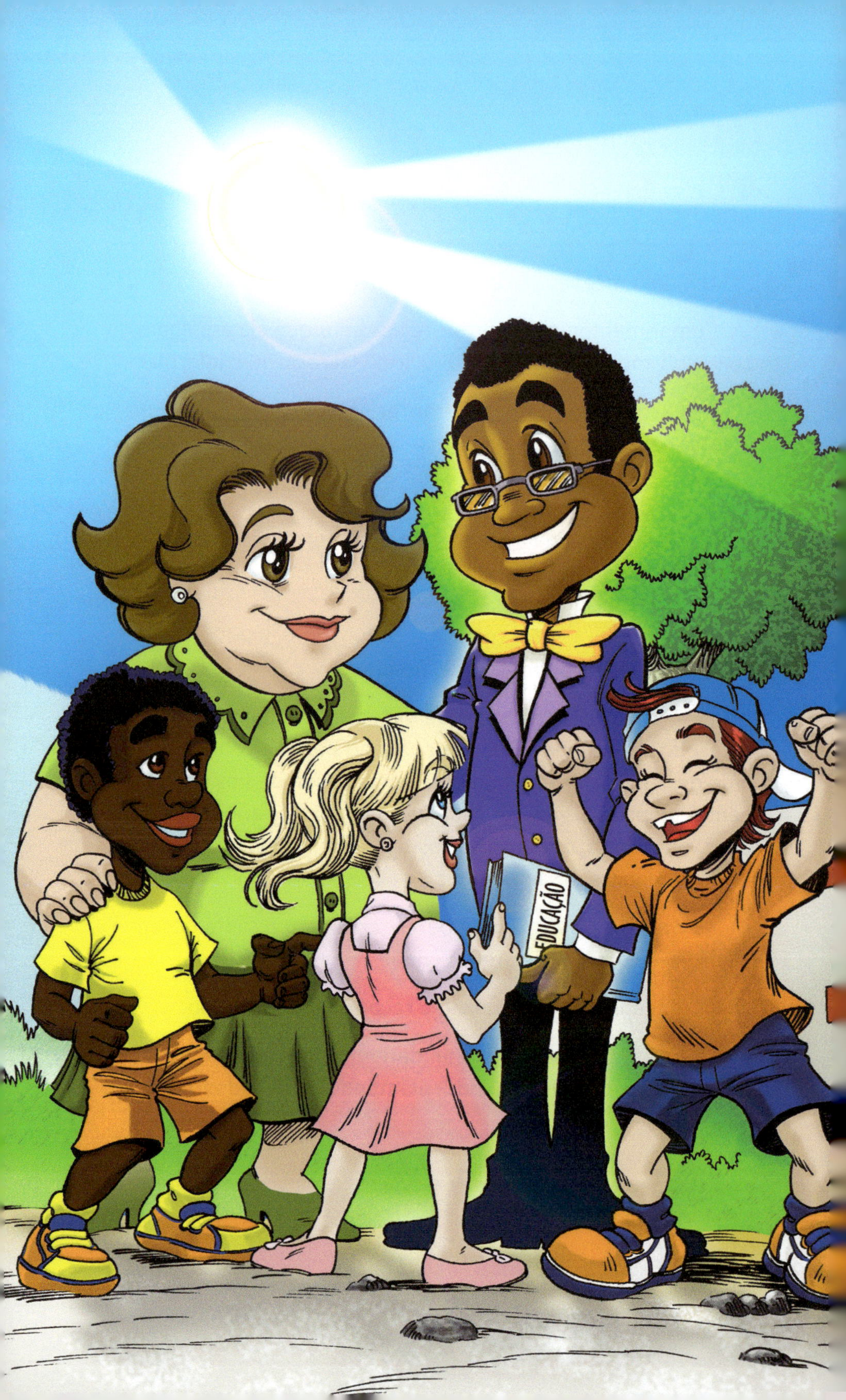
EDUCAÇÃO

15 O poder da gentileza

Eminente professor negro, interessado em fundar uma escola num bairro pobre, onde centenas de crianças desamparadas cresciam sem o benefício das letras, foi recebido pelo prefeito da cidade, que lhe disse imperativamente depois de ouvir-lhe o plano:

— A lei e a bondade nem sempre podem estar juntas. Organize uma casa e autorizaremos a providência.

— Mas, doutor, não dispomos de recursos... — considerou o benfeitor dos meninos desprotegidos.

— Que fazer?

— De qualquer modo, cabe-nos amparar os pequenos analfabetos.

O prefeito reparou-lhe demoradamente a figura humilde, fez um riso escarninho e acrescentou:

— O senhor não pode intervir na administração.

O professor, muito triste, retirou-se e passou a tarde e a noite daquele sábado, pensando, pensando...

Domingo, muito cedo, saiu a passear, sob as grandes árvores, na direção de antigo mercado.

Ia comentando na oração silenciosa:

— Meu Deus, como agir? Não receberemos um pouso para as criancinhas, Senhor?

Absorvido na meditação, atingiu o mercado e entrou.

O movimento era enorme.

Muitas compras. Muita gente.

Certa senhora, de apresentação distinta, aproximou-se dele e, tomando-o por servidor vulgar, de mãos desocupadas e cabeça vazia, exclamou:

— Meu velho, venha cá.

O professor acompanhou-a sem vacilar.

À frente dum saco enorme, em que se amontoavam mais de trinta quilos de verdura, a matrona recomendou:

— Traga-me esta encomenda.

Colocou ele o fardo às costas e seguiu-a.

Caminharam seguramente uns quinhentos metros e penetraram elegante vivenda, onde a senhora voltou a solicitar:

— Tenho visitas hoje. Poderá ajudar-me no serviço geral?

— Perfeitamente — respondeu o interpelado —, dê suas ordens.

Ela indicou pequeno pátio e determinou-lhe a preparação de meio metro de lenha para o fogão.

Empunhando o machado, o educador, com esforço, rachou algumas toras. Findo o serviço, foi chamado para retificar a chaminé. Consertou-a com sacrifício da própria roupa. Sujo de pó escuro, da cabeça aos pés, recebeu ordem de buscar um peru assado, à distância de dois quilômetros. Pôs-se a caminho, trazendo o grande prato em pouco tempo. Logo após, atirou-se à limpeza de extenso recinto em que se efetuaria lauto almoço.

Nas primeiras horas da tarde, sete pessoas davam entrada no fidalgo domicílio. Entre elas, relacionava-se o prefeito, que notou a presença do visitante da véspera, apresentado ao seu gabinete por autoridades respeitáveis. Reservadamente, indagou da irmã, que era a dona da casa, quanto ao novo conhecimento, conversando ambos em surdina.

Ao fim do dia, a matrona distinta e autoritária, com visível desapontamento, veio ao servo improvisado e pediu o preço dos trabalhos.

— Não pense nisto — respondeu com sinceridade —, tive muito prazer em ser-lhe útil.

No dia imediato, contudo, a dama da véspera procurou-o, na casa modesta em que se hospedava e, depois de rogar-lhe desculpas, anunciou-lhe a concessão de amplo edifício, destinado à escola que pretendia estabelecer. As crianças usariam o patrimônio à vontade, e o prefeito autorizaria a providência com satisfação.

Deixando transparecer nos olhos úmidos a alegria e o reconhecimento que lhe reinavam na alma, o professor agradeceu e beijou-lhe as mãos, respeitoso.

A bondade dele vencera os impedimentos legais.

O exemplo é mais vigoroso que a argumentação.

A gentileza está revestida, em toda parte, de glorioso poder.

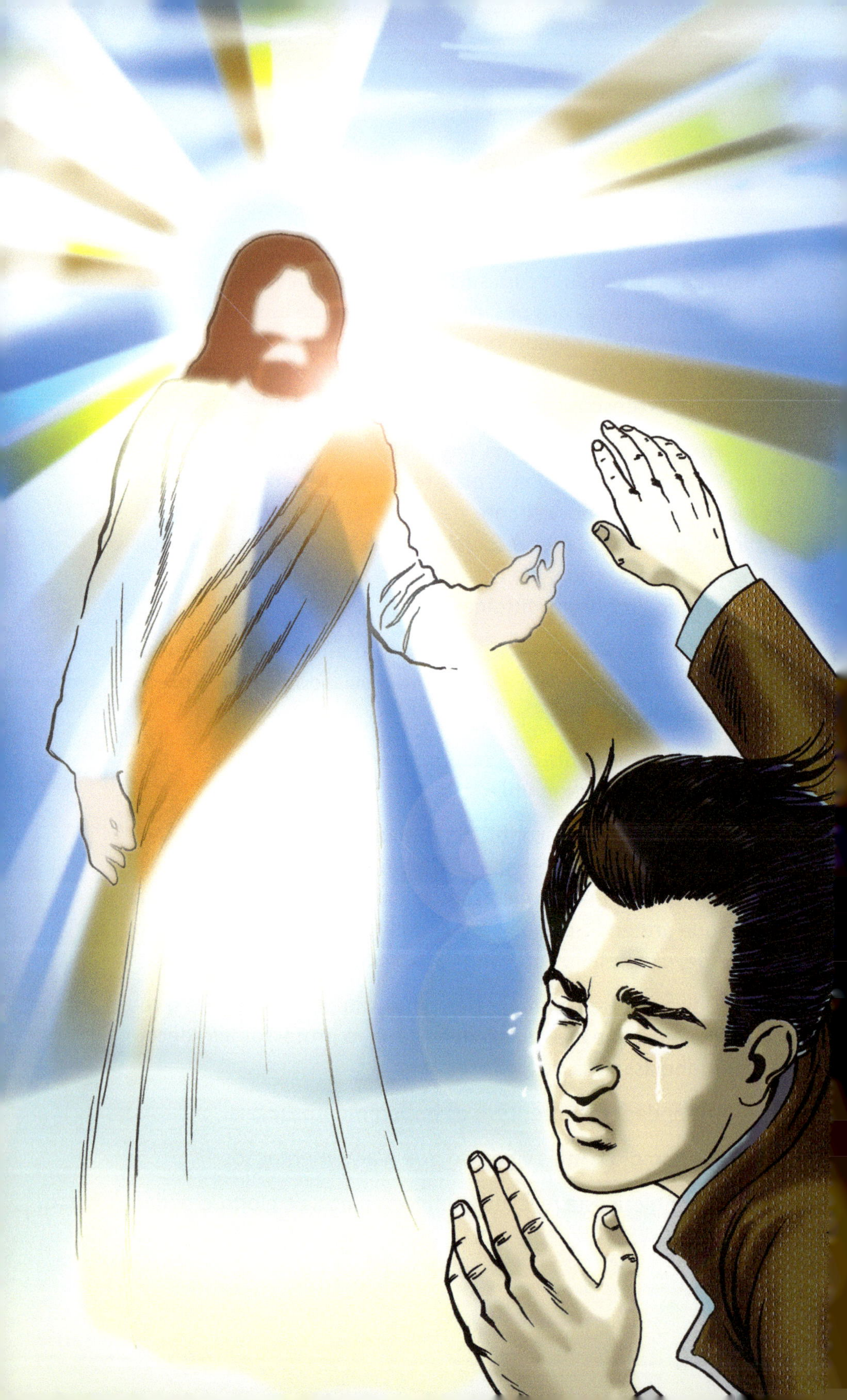

16 A trilogia bendita

Em tempos remotos, o Senhor vinha ao mundo frequentes vezes entender-se com as criaturas.

Certa vez, encontrou um homem irado e mau que outra coisa não fazia senão atormentar os semelhantes. Perseguia, feria e matava sem piedade. Quando esse Espírito selvagem viu o Senhor, aproximou-se, atraído pela luz dele, a chorar de arrependimento.

O Cristo Bondoso dirigiu-lhe a palavra:

— Meu filho, por que te entregaste assim à perversidade? Não temes a Justiça do Pai? Não acreditas no Celeste Poder? A vida exige fraternidade e compreensão.

O malfeitor, que se mantinha prisioneiro da ignorância, respondeu em lágrimas:

— Senhor, de hoje em diante serei um homem bom.

Alguns anos passaram e Jesus voltou ao mesmo sítio. Lembrou-se do infeliz a quem havia aconselhado e buscou-o. Depois de certa procura, foi achá-lo oculto numa choça, extre-

Francisco Cândido Xavier/ Neio Lúcio

mamente abatido. Interpelado quanto à causa de tão lamentável transformação, o mísero respondeu:

— Ai de mim, Senhor! Depois que passei a ser bom, ninguém me respeitou! Fiz-me escárnio da rua... Tenho usado a compaixão e a generosidade, segundo me ensinaste, mas em troca recebo apenas o ridículo, a pedrada e a dilaceração...

O Mestre, porém, abençoou-o e falou:

— O teu lucro na eternidade não será pequeno com o sacrifício. Entretanto, não basta reter a bondade. É necessário saber distribuí-la. Para bem ajudar, é preciso discernir. Realmente é possível auxiliar a todos. Contudo, se a muita gente devemos ternura fraterna, a numerosos companheiros de jornada devemos esclarecimento enérgico. Estimularemos os bons a serem melhores e cooperaremos em benefício dos maus para que se retifiquem. Nunca observaste o pomicultor? Algumas árvores recebem dele irrigação e adubo; outras, no entanto, sofrerão a poda, a fim de serem convenientemente amparadas.

O Senhor retirou-se, e o aprendiz retomou a luta para conquistar o conhecimento.

Peregrinou através de muitos livros, observou demoradamente os quadros da vida e recebeu a palma da Ciência.

Os anos correram apressados, quando o Cristo regressou e procurou-o novamente.

Dessa vez, encontrou-o no leito, enfermo e sem forças.

Replicando ao Divino Amigo, explicou-se:

— Ai de mim, Senhor! Fui bom e recebi injustiças, entesourei a Ciência, e minhas dificuldades cresceram de vulto. Aprendi a amar e desejar em sã consciência, a idealizar com o plano superior, mas vejo a ingratidão e a discórdia, a dureza e a indiferença com mais clareza. Sei aquilo que muita gente ignora e, por isso mesmo, a vida tornou-se-me um fardo insuportável...

O Mestre, porém, sorriu e considerou:

— A tua preparação para a felicidade ainda não se acha completa. Agora, é preciso ser forte. Acreditas que a árvore respeitável conseguiria viver e produzir caso não soubesse tolerar a tempestade? A firmeza interior, diante das experiências da vida, conferir-te-á o equilíbrio indispensável. Aprende a dizer adeus a tudo o que te prejudica na caminhada em direção à Luz Divina e distribuirás a bondade, sem preocupações de recompensa, guardando o conhecimento sem surpresas amargas. Sê inquebrantável em tua fé e segue adiante!

O aprendiz reergueu-se e nunca mais experimentou a desarmonia, compreendendo, enfim, que a bondade, o conhecimento e a fortaleza são a trilogia bendita da felicidade e da paz.

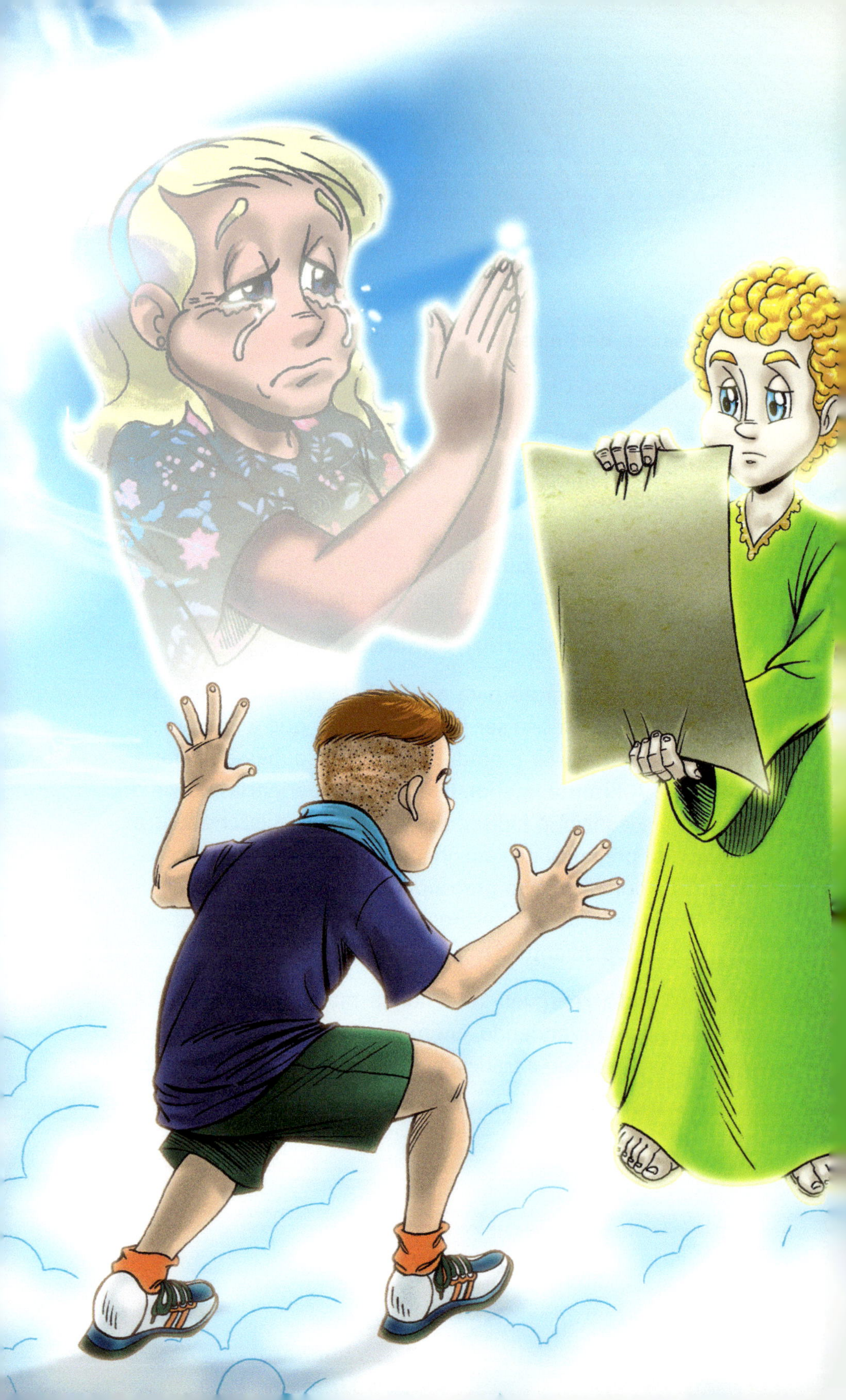

17 A conta da vida

Quando Levindo completou 21 anos, a Mãezinha recebeu-lhe os amigos, festejou a data e solenizou o acontecimento com grande alegria.

No íntimo, no entanto, a bondosa senhora estava triste, preocupada.

O filho, até a maioridade, não tolerava qualquer disciplina. Vivia ociosamente, desperdiçando o tempo e negando-se ao trabalho. Aprendera as primeiras letras a preço de muita dedicação materna e lutava contra todos os planos de ação digna.

Recusava bons conselhos e inclinava-se, francamente, para o desfiladeiro do vício.

Nessa noite, todavia, a abnegada Mãe orou mais fervorosa, suplicando a Jesus o encaminhasse à elevação moral. Confiou-o ao Céu, com lágrimas, convencida de que o Mestre Divino lhe ampararia a vida jovem.

As orações da devotada criatura foram ouvidas no Alto, porque Levindo, logo depois de arrebatado pelas asas do sono,

Francisco Cândido Xavier/ Neio Lúcio

sonhou que era procurado por um mensageiro espiritual, a exibir largo documento na mão.

Intrigado, o rapaz perguntou-lhe a que devia a surpresa de semelhante visita.

O emissário fitou nele os grandes olhos e respondeu:

— Meu amigo, venho trazer-te a conta dos seres sacrificados, até agora, em teu proveito.

Enquanto o moço arregalava os olhos de assombro, o mensageiro prosseguia:

— Até hoje, para sustentar-te a existência, morreram, aproximadamente, 2.000 aves, 10 bovinos, 50 suínos, 20 carneiros e 3.000 peixes diversos. Nada menos de 60.000 vidas do reino vegetal foram consumidas pela tua, relacionando-se as do arroz, do milho, do feijão, do trigo, das várias raízes e legumes. Em média calculada, bebeste 3.000 litros de leite, gastaste 7.000 ovos e comeste 10.000 frutas. Tens explorado fartamente as famílias de seres do ar e das águas, de galinheiros e estábulos, pocilgas e redis. O preço dos teus dias nas hortas e pomares vale por uma devastação. Além disso, não relacionamos aqui os sacrifícios maternos, os recursos e doações de teu pai, os obséquios dos amigos e as atenções dos vários benfeitores que te rodeiam. Em troca, que fizeste de útil? Não restituíste ainda à Natureza

Alvorada Cristã

a mínima parcela de teu débito imenso. Acreditas, porventura, que o centro do mundo repousa em tuas necessidades individuais e que viverás sem conta nos domínios da Criação? Produze algo de bom, marcando a tua passagem pela Terra. Lembra-te de que a própria erva se encontra em serviço divino. Não permitas que a ociosidade te paralise o coração e desfigure o Espírito!...

O moço, espantado, passou a ver o desfile dos animais que havia devorado e, sob forte espanto, acordou...

Amanhecera.

O Sol de ouro como que cantava em toda parte um hino glorioso ao trabalho pacífico.

Levindo escapou da cama, correu até a genitora e exclamou:

— Mãezinha, arranje-me serviço! Arranje-me serviço!...

— Oh! meu filho — disse a senhora num transporte de júbilo —, que alegria! Como estou contente!... Que aconteceu?

E o rapaz, preocupado, informou:

— Na noite passada, eu vi a conta da vida.

Daí em diante, converteu-se Levindo num homem honrado e útil.

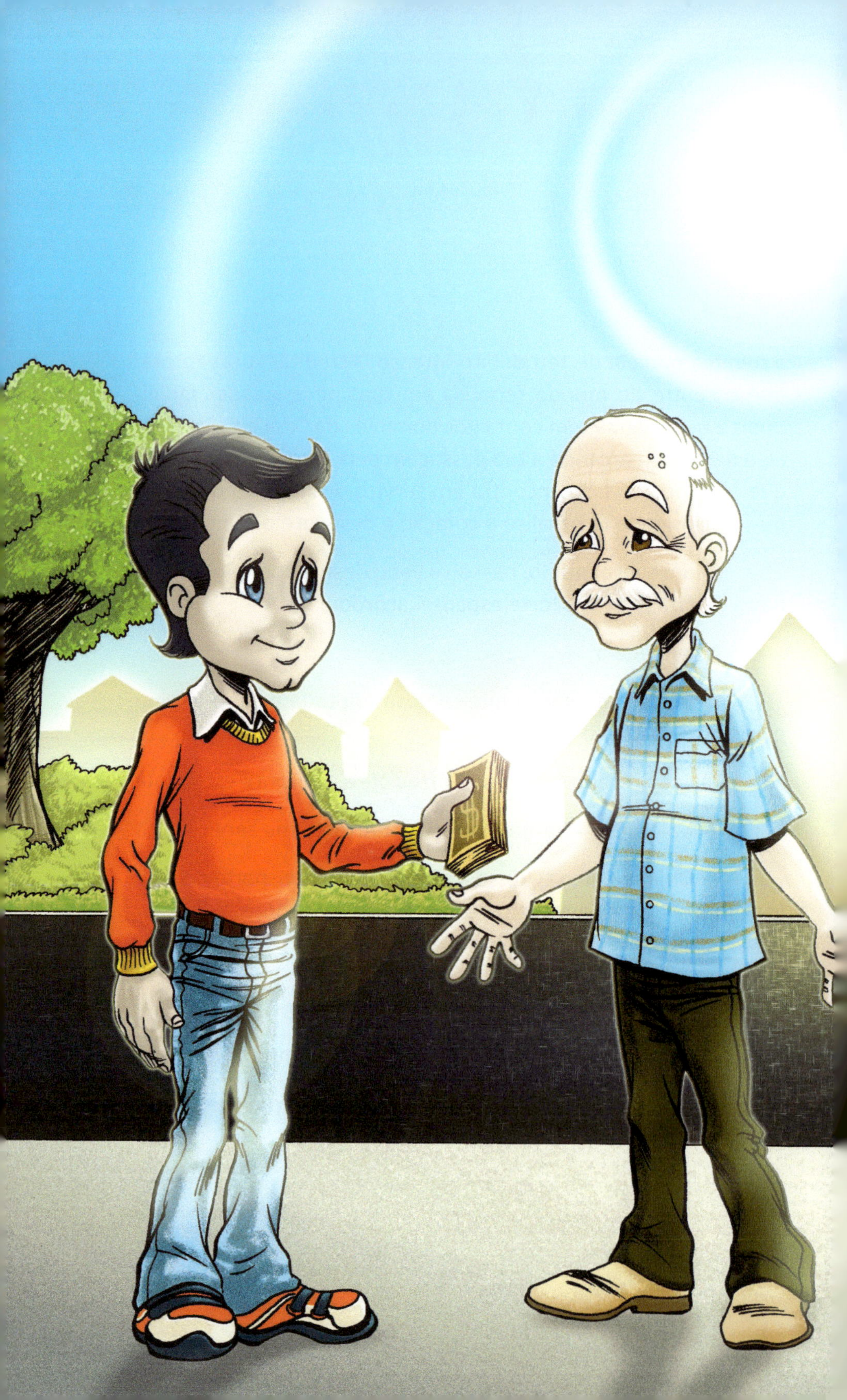

18 A amizade real

Um grande senhor que soubera amontoar sabedoria, além da riqueza, auxiliava diversos amigos pobres na manutenção do bom ânimo, na luta pela vida.

Sentindo-se mais velho, chamou o filho à cooperação. O rapaz deveria aprender com ele a distribuir gentilezas e bens.

Para começar, enviou-o à residência de um companheiro de muitos anos, ao qual destinava 300 cruzeiros mensais.

O jovem seguiu-lhe as instruções.

Viajou 6 quilômetros e encontrou a casa indicada. Contrariando-lhe a expectativa, porém, não encontrou um pardieiro em ruínas. O domicílio, apesar de modesto, mostrava encanto e conforto. Flores perfumavam o ambiente, e alvo linho vestia os móveis com beleza e decência.

O beneficiário de seu pai cumprimentou-o, com alegria efusiva, e, depois de inteligente palestra, mandou trazer o café num serviço agradável e distinto. Apresentou-lhe familiares e amigos que se envolviam, felizes, num halo enorme de saúde e contentamento.

Reparando a tranquilidade e a fartura ali reinantes, o portador regressou ao lar sem entregar a dádiva.

"Para quê?", confabulava consigo mesmo. "Aquele homem não era um pedinte. Não parecia guardar problemas que merecessem compaixão e caridade. Certo, o genitor se enganara."

De volta, explicou ao velho pai, particularizadamente, quanto vira, restituindo-lhe a importância de que fora emissário.

O ancião, contudo, após ouvi-lo calmamente, retirou mais dinheiro da bolsa, dobrou a quantia e considerou:

— Fizeste bem, tornando até aqui. Ignorava que o nosso amigo estivesse sob mais amplos compromissos. Volta à residência dele e, em vez de 300, entrega-lhe 600 cruzeiros, mensalmente, em meu nome, de ora em diante. A sua nova situação reclama recursos duplicados.

— Mas, meu pai — acentuou o moço —, não se trata de pessoa em posição miserável. Ao que suponho, o lar dele possui tanto conforto quanto o nosso.

— Folgo bastante com a notícia — exclamou o velho.

E, imprimindo terna censura à voz conselheiral, acrescentou:

Alvorada Cristã

— Meu filho, se não é lícito dar remédio aos sãos e esmolas aos que não precisam delas, semelhante regra não se aplica aos companheiros que Deus nos confiou. Quem socorre o amigo apenas nos dias de extremo infortúnio pode exercer a piedade que humilha em vez do amor que santifica. Quem espera o dia do sofrimento para prestar o favor, muita vez não encontrará senão silêncio e morte, perdendo a melhor oportunidade de ser útil. Não devemos exigir que o irmão de jornada se converta em mendigo, a fim de parecermos superiores a ele em todas as circunstâncias. Tal atitude de nossa parte representaria crueldade e dureza. Estendamos-lhe nossas mãos e façamo-lo subir até nós para que nosso concurso não seja orgulho vão. Toda gente no mundo pode consolar a miséria e partilhar as aflições, mas raros aprendem a acentuar a alegria dos entes amados, multiplicando-a para eles, sem egoísmo e sem inveja no coração. O amigo verdadeiro, porém, sabe fazer isso. Volta, pois, e atende ao meu conselho para que nossa afeição constitua sementeira de amor para a eternidade. Nunca desejei improvisar necessitados em torno de nossa porta, e sim criar companheiros para sempre.

Foi então que o rapaz, envolvido na sabedoria paterna, cumpriu quanto lhe fora determinado, compreendendo a sublime lição de amizade real.

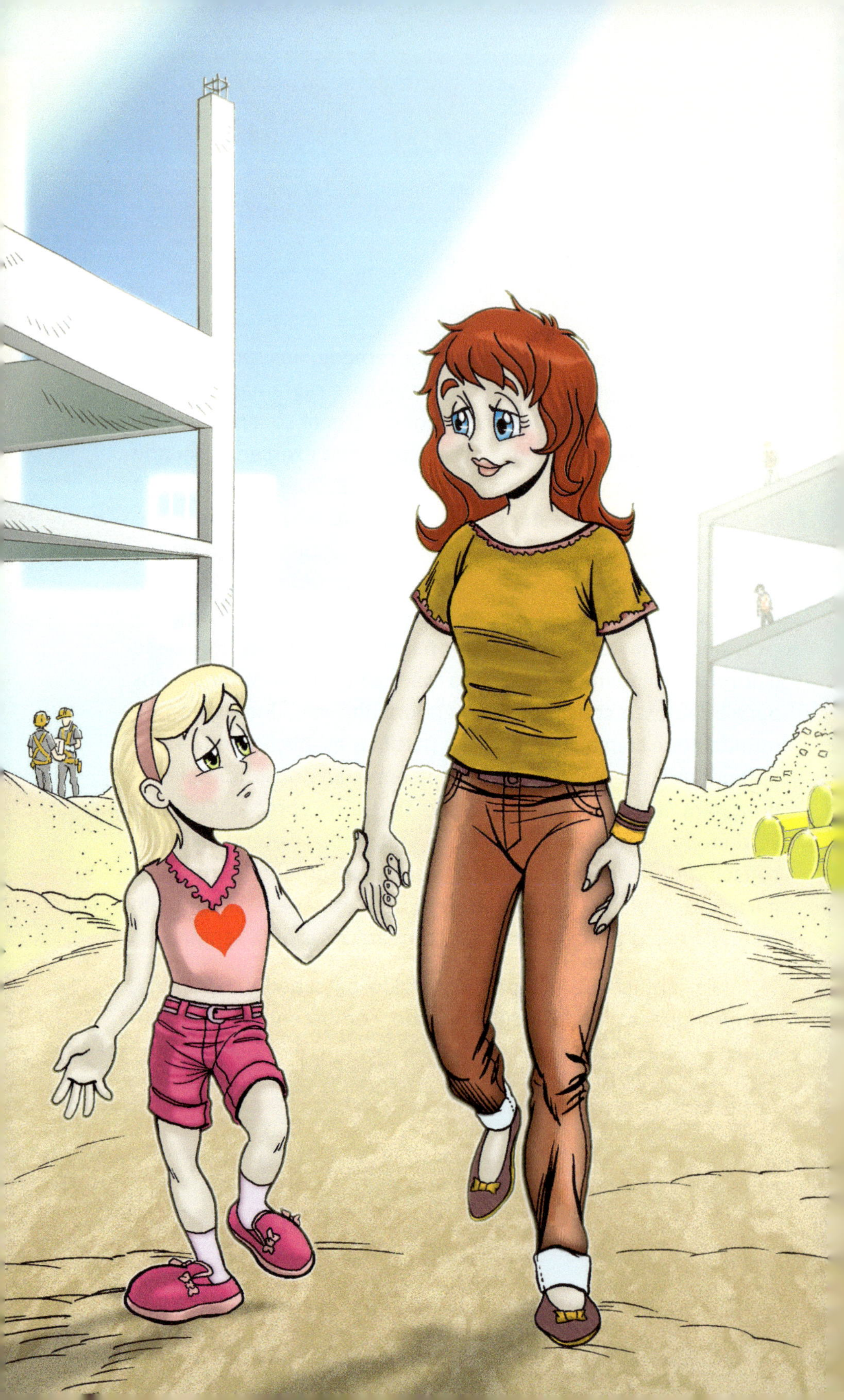

19 O ensinamento vivo

Observando qualquer edificação ou serviço, Maria Cármen não faltava à crítica.

Ante um vestido das amigas, exclamava sem cerimônia:

— O conjunto é tolerável, mas as particularidades deixam muito a desejar. A gola foi extremamente malfeita, e as mangas estão defeituosas.

Perante um móvel qualquer, rematava as observações irônicas com a frase:

— Não poderiam fazer coisa melhor?

E, à frente de qualquer obra de arte, encontrava traços e ângulos para condenar.

A Mãezinha preocupada estudou recursos de dar-lhe proveitoso ensinamento.

Foi assim que, certa manhã, convidou a filha a visitar, em sua companhia, a construção de um edifício de vastas linhas. A jovem, que não podia adivinhar-lhe o plano, seguiu-a surpreendida.

Francisco Cândido Xavier/ Neio Lúcio

Percorreram algumas ruas e pararam diante do arranha-céu a levantar-se.

A senhora pediu a colaboração do engenheiro-chefe e passou a mostrar à filha os vários departamentos. Enquanto muitos servidores abriam acomodações para os alicerces, no chão duro, manobrando picaretas, veículos pesados transportavam terra daqui para ali, com rapidez e segurança. Pedreiros começavam a erguer paredes, suarentos e ágeis, sob a atenciosa vigilância dos técnicos que orientavam os trabalhos. Caminhões e carroças traziam material de mais longe. Carregadores corriam na execução do dever.

O diretor das obras, convidado pela matrona a pronunciar-se sobre a edificação, esclareceu gentilmente:

— Seremos obrigados a inverter volumoso capital para resgatar as despesas. Requisitaremos, ainda, a colaboração de centenas de trabalhadores especializados. Carpinteiros, estucadores, vidraceiros, pintores, bombeiros e eletricistas virão completar-nos o serviço. Qualquer construção reclama toda uma falange de servos dedicados.

A menina, revelando-se impressionada, respondeu:

— Quanta gente a pensar, a cooperar e servir!...

— Sim — considerou o chefe, sorrindo expressivamente —, edificar é sempre muito difícil.

Alvorada Cristã

Logo após, mãe e filha apresentaram as despedidas, encaminhando-se, agora, para velho bairro.

Vararam algumas travessas e praças menos agradáveis e chegaram à frente de antiga casa em demolição. Viam-se-lhe as linhas nobres, no estilo colonial, através das alas que ainda se achavam de pé. Um homem, apenas, ali se encontrava, usando martelo de tamanho gigantesco, abatendo alvenaria e madeirame. Ante a queda das paredes a ruírem com estrondo, de minuto a minuto, a jovem observou:

— Como é terrível arruinar, deste modo, o esforço de tantos!

A Mãezinha serena interveio, então, e falou conselheiralmente:

— Chegamos, filha, ao fim do ensinamento vivo que buscamos. Toda a realização útil na Terra exige a paciência e o suor, o trabalho e o sacrifício de muita gente. Edificar é muito difícil. Mas destruir e eliminar é sempre muito fácil. Bastará uma pessoa de martelo à mão para prejudicar a obra de milhares. A crítica destrutiva é um martelo que usamos criminosamente ante o respeitável esforço alheio. Compreendeu?

A jovem fez um sinal afirmativo com a cabeça e, daí em diante, procurou ajudar a todos em vez de macular, desencorajar e ferir.

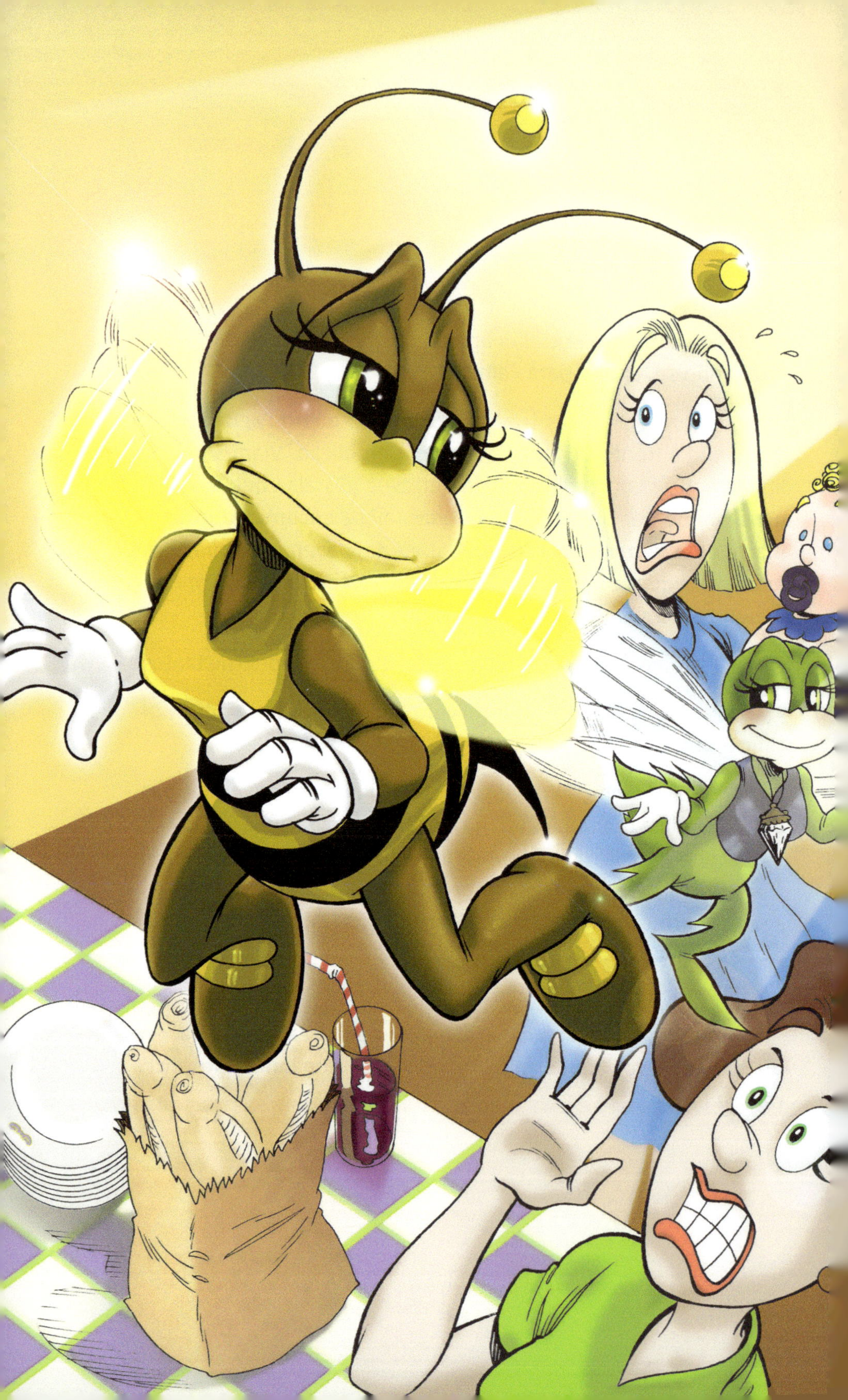

20 O elogio da abelha

Grande mosca verde-azul, mostrando envaidecida as asas douradas pelo sol, penetrou uma sala e encontrou uma abelha humilde a carregar pequena provisão de recursos para elaborar o mel.

A mosca arrogante aproximou-se e falou vaidosa:

— Onde surges, todos fogem. Não te sentes indesejável? Teu aguilhão é terrível.

— Sim — disse a abelha com desapontamento —, creia que sofro muitíssimo quando sou obrigada a interferir. Minha defesa é, quase sempre, também a minha morte.

— Mas não podes viver com mais distinção e delicadeza? — tornou a mosca. — Por que ferretoar a torto e a direito?

— Não, minha amiga — esclareceu a interlocutora —, não é bem assim. Não sinto prazer em perturbar. Vivo tão somente para o trabalho que Deus me confiou, que representa benefício geral. E, quando alguém me impede a execução do dever, inquieto-me e sofro, perdendo, por vezes, a própria vida.

— Creio, porém, que se tivesses modos diferentes... Se polisses as asas para que brilhassem à claridade solar, se te vestisses em cores iguais às minhas, talvez não precisasses alarmar a ninguém. Pessoa alguma te recearia a intromissão.

— Ah! Não posso despender muito tempo em tal assunto — alegou a abelha criteriosa. — O serviço não me permite a apresentação exterior muito primorosa em todas as ocasiões. A produção de mel indispensável ao sustento de nossa colmeia, e necessária a muita gente, não me oferece ensejo a excessivos cuidados comigo mesma.

— Repara! — disse-lhe a mosca desdenhosa — tuas patas estão em lastimável estado...

— Encontro-me em serviço — explicou-se a operária humildemente.

— Não! Não! — protestou a outra. — Isso é monturo e relaxamento.

E, limpando caprichosamente as asas, a mosca recuou e aquietou-se, qual se estivesse em observação.

Nesse instante, duas senhoras e uma criança penetraram o recinto e, notando a presença da abelha que buscava sair ao encontro de companheiras distantes, uma das matronas gritou nervosa:

— Cuidado! Cuidado com a abelha! Fere sem piedade!...

A pequenina trabalhadora alada dirigiu-se para o campo, e a mosca soberba passou a exibir-se, voando despreocupada.

— Que maravilha! — exclamou uma das senhoras.

— Parece uma joia! — disse a outra.

A mosca preguiçosa planou... Planou... E, encaminhando-se para a copa, penetrou o guarda-comida, deitando varejeiras na massa dos pastéis e em pratos diversos que se preparavam para o dia seguinte. Acompanhou a criança, de maneira imperceptível, e pousou-lhe na cabeça, infeccionando certa região que se achava ligeiramente ferida.

Decorridas algumas horas, sobravam preocupações para toda a família. A encantadora mosca verde-azul deixara imundície e enfermidade por onde passara.

Quantas vezes sucede isso mesmo em plena vida?

Há criaturas simples, operosas e leais, de trato menos agradável, à primeira vista, que, à maneira da abelha, sofrem sarcasmos e desapontamentos por bem cumprir a obrigação que lhes cabe, em favor de todos; e há muita gente de apresentação brilhante, quanto a mosca, e que, depois de seduzir-nos a atenção pela beleza da forma, nos deixa apenas as larvas da calúnia, da intriga, da maldade, da revolta e do desespero no pensamento.

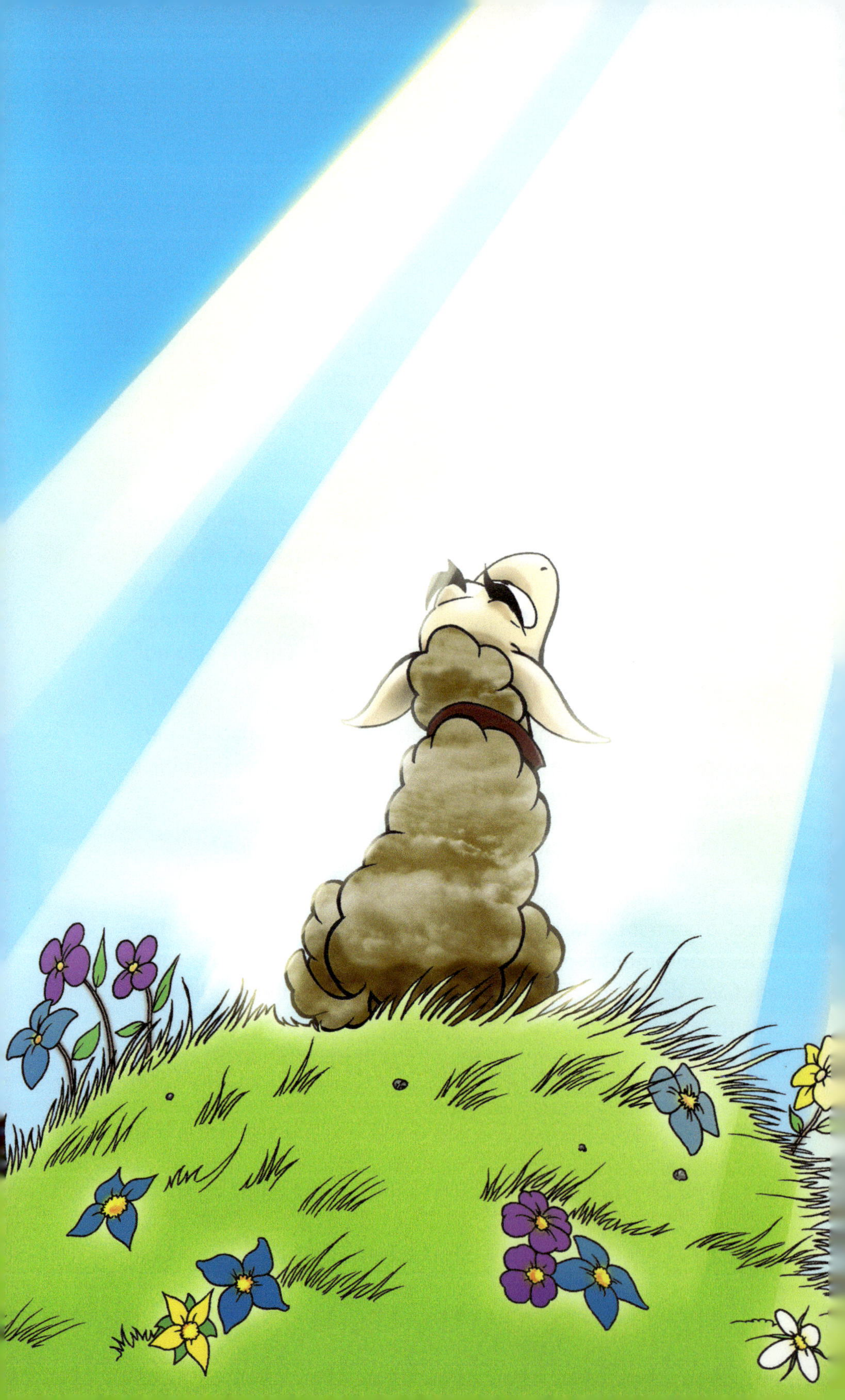

21 O carneiro revoltado

Certo carneiro muito inteligente, mas indisciplinado, reparou os benefícios que a lã espalhava em toda parte e, desde então, julgou-se melhor que os outros seres da Criação, passando a revoltar-se contra a tosquia.

Se era tão precioso — pensava —, porque aceitar a humilhação daquela tesoura enorme? Experimentava intenso frio, de tempos em tempos, e, despreocupado das ricas rações que recebia no redil, detinha-se apenas no exame dos prejuízos que supunha sofrer.

Muito amargurado, dirigiu-se ao Criador, exclamando:

— Meu Pai, não estou satisfeito com a minha pelagem. A tosquia é um tormento... Modifica-me, Senhor!...

O Todo-Poderoso indagou com bondade:

— Que desejas que Eu faça?

Vaidosamente, o carneiro respondeu:

— Quero que a minha lã seja toda de ouro.

A rogativa foi satisfeita. Contudo, assim que o orgulhoso ovino se mostrou cheio de pelos preciosos, várias pessoas ambiciosas atacaram-no sem piedade. Arrancaram-lhe, violentamente, todos os fios, deixando-o em chagas.

O infeliz, a lastimar-se, correu para o Altíssimo e implorou:

— Meu Pai, muda-me novamente! Não posso exibir lã dourada... Encontraria sempre salteadores sem compaixão.

O Sábio dos Sábios perguntou:

— Que queres que Eu faça?

O animal, tocado pela mania de grandeza, suplicou:

— Quero que a minha lã seja lavrada em porcelana primorosa.

Assim foi feito. Entretanto, logo que tornou ao vale, apareceu no céu enorme ventania, que lhe quebrou todos os fios, dilacerando-lhe a carne.

Regressou aflito ao Todo-Misericordioso e queixou-se:

— Pai, renova-me!... A porcelana não resiste ao vento... Estou exausto...

Disse-lhe o Senhor:

— Que desejas que Eu faça?

— A fim de não provocar os ladrões nem ferir-me com porcelana quebrada, quero que a minha lã seja feita de mel.

O Criador satisfez o pedido. Todavia, logo que o pobre se achou no redil, bandos de moscas asquerosas cobriram-no em cheio e, por mais corresse campo afora, não evitou que elas lhe sugassem os fios adocicados.

O mísero voltou ao Altíssimo e implorou:

— Pai, modifica-me... As moscas deixaram-me em sangue!

O Senhor indagou, de novo, com inexaurível paciência:

— Que queres que Eu faça?

Dessa vez, o carneiro pensou mais tempo e considerou:

— Suponho que seria mais feliz se tivesse minha lã semelhante às folhas de alface.

Francisco Cândido Xavier/ Neio Lúcio

O Todo-Bondoso atendeu-lhe mais uma vez a vontade, e o carneiro voltou à planície, na caprichosa alegria de parecer diferente. No entanto, quando alguns cavalos lhe puseram os olhos, não conseguiu melhor sorte. Os equinos prenderam-no com os dentes e, depois de lhe comerem a lã, abocanharam--lhe o corpo.

O carneiro correu na direção do Juiz supremo, gotejando sangue das chagas profundas, e, em lágrimas, gemeu humilde:

— Meu Pai, não suporto mais!...

Como soluçasse longamente, o Todo-Compassivo, vendo que ele se arrependera com sinceridade, observou:

— Reanima-te, meu filho! Que pedes agora?

O infeliz replicou em pranto:

Alvorada Cristã

— Pai, quero voltar a ser um carneiro comum, como sempre fui. Não pretendo a superioridade sobre meus irmãos. Hoje sei que os meus tosquiadores de outro tempo são meus verdadeiros amigos. Nunca me deixaram em feridas e sempre me deram de comer e beber, carinhosamente... Quero ser simples e útil, qual me fizeste, Senhor!...

O Pai sorriu bondoso, abençoou-o com ternura e falou:

— Volta e segue teu caminho em paz. Compreendeste, enfim, que meus desígnios são justos. Cada criatura está colocada, por minha Lei, no lugar que lhe compete e, se pretendes receber, aprende a dar.

Então o carneiro, envergonhado, mas satisfeito, voltou para o vale, misturou-se com os outros e, daí por diante, foi muito feliz.

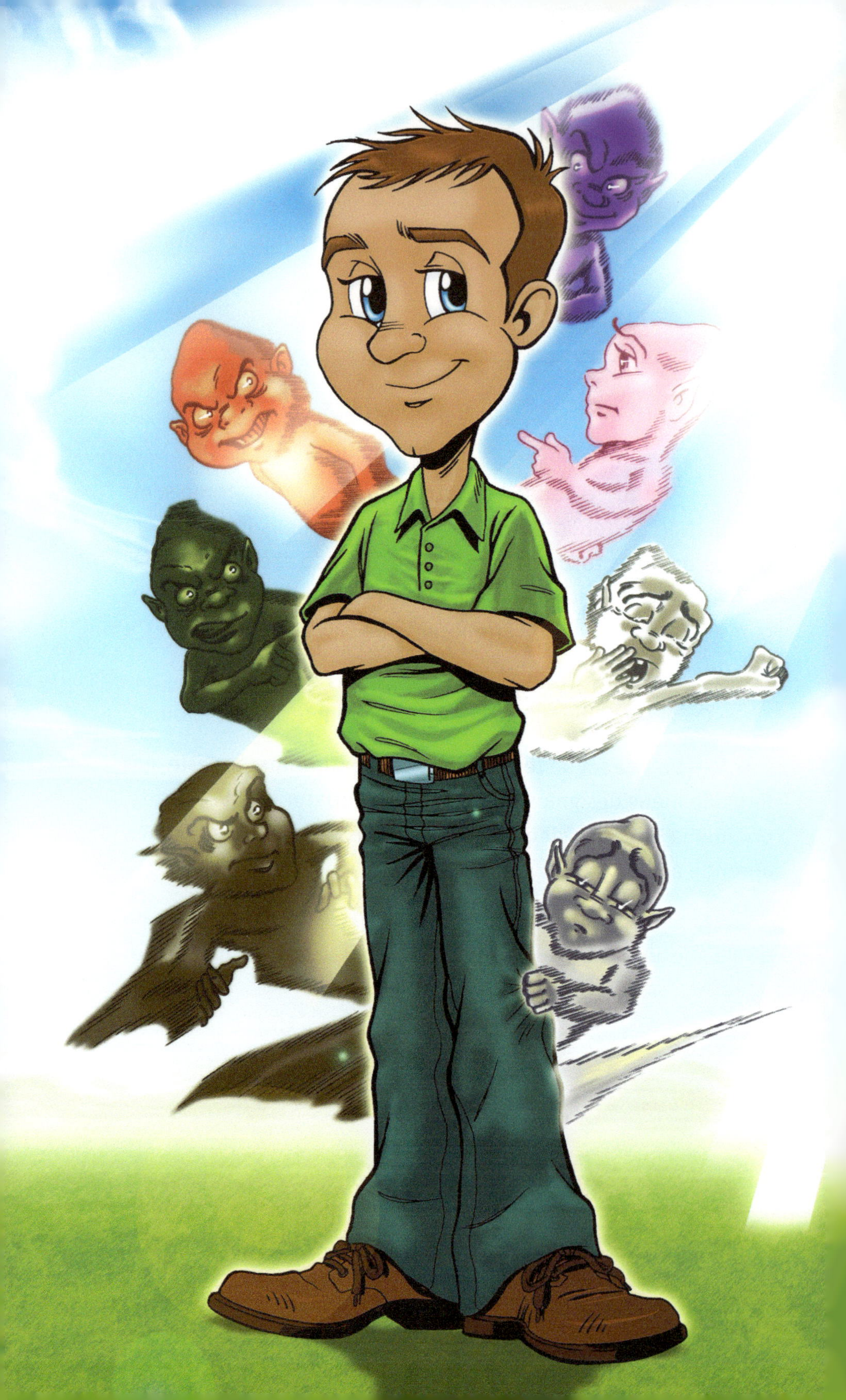

22 O pior inimigo

Um homem, admirável pelas qualidades de trabalho e pelas formosas virtudes do caráter, foi visto pelos inimigos da Humanidade que conhecemos por Ignorância, Calúnia, Maldade, Discórdia, Vaidade, Preguiça e Desânimo, os quais tramaram, entre si, agir contra ele, conduzindo-o à derrota.

O honrado trabalhador vivia feliz entre familiares e companheiros, cultivando o campo e rendendo graças ao Senhor supremo pelas alegrias que desfrutava no contentamento de ser útil.

A Ignorância começou a cogitar da perseguição, apresentando-o ao povo como mau observador das obrigações religiosas. Insulava-se no trato da terra, cheio de ambições desmedidas para enriquecer à custa do alheio suor. Não tinha fé nem respeitava os bons costumes.

O lavrador ativo recebeu as notícias do adversário que operava de longe, sorriu calmo e falou com sinceridade:

— A Ignorância está desculpada.

Surgiu, então, a Calúnia e denunciou-o às autoridades por espião de interesses estranhos. Aquele homem vivia quase sozinho para melhor comunicar-se com vasta quadrilha de ladrões. O serviço policial tratou de minuciosas averiguações e, ao término do inquérito vexatório, a vítima afirmou sem ódio:

— A Calúnia estava enganada.

E trabalhou com dobrado valor moral.

Logo após, veio a Maldade, que o atacou de mais perto. Principiou a ofensiva, incendiando-lhe o campo. Destruiu-lhe milharais enormes, prejudicou-lhe a vinha, poluiu-lhe as fontes. Todavia, o operário incansável, reconstruindo para o futuro, respondeu sereno:

— Contra as sombras do mal, tenho a luz do bem.

Reconhecendo os perseguidores que haviam encontrado um Espírito robusto na fé, instruíram a Discórdia, que passou a assediá-lo dentro da própria casa. Provocações cercaram-no de todos os lados e, a breve tempo, irmãos e amigos da véspera relegaram-no ao abandono.

O servo diligente, dessa vez, sofreu bastante, mas ergueu os olhos para o Céu e falou:

— Meu Deus e meu Senhor, estou só, no entanto, continuarei agindo e servindo em teu nome. A Discórdia será por mim esquecida.

Apareceu, então, a Vaidade, que o procurou nos aposentos particulares, afirmando-lhe:

— És um grande herói... Venceste aflições e batalhas! Serás apontado à multidão na auréola dos justos e dos santos!...

O trabalhador sincero repeliu-a imperturbável:

— Sou apenas um átomo que respira. Toda glória pertence a Deus!

Ausentando-se a Vaidade com desapontamento, entrou a Preguiça e, acariciando-lhe a fronte com mãos traiçoeiras, afiançou:

— Teus sacrifícios são excessivos... Vamos ao repouso! Já perdeste as melhores forças!...

Vigilante, contudo, o interpelado replicou sem hesitar:

— Meu dever é o de servir em benefício de todos até o fim da luta.

Afastando-se a Preguiça vencida, o Desânimo compareceu. Não atacou de longe nem de perto. Não se sentou na poltrona para conversar nem lhe cochichou aos ouvidos. Entrou no coração do operoso lavrador e, depois de instalar-se lá dentro, começou a perguntar-lhe:

— Esforçar-se para quê? Servir por quê? Não vê que o mundo está repleto de colaboradores mais competentes? Que razão justifica tamanha luta? Quem o mandou nascer neste corpo? Não foi a determinação do próprio Deus? Não será melhor deixar tudo por conta de Deus mesmo? Que espera? Sabe, acaso, o objetivo da vida? Tudo é inútil... Não se lembra de que a morte destruirá tudo?

O homem forte e valoroso, que triunfara de muitos combates, começou a ouvir as interrogações do Desânimo, deitou-se e passou cem anos sem levantar-se...

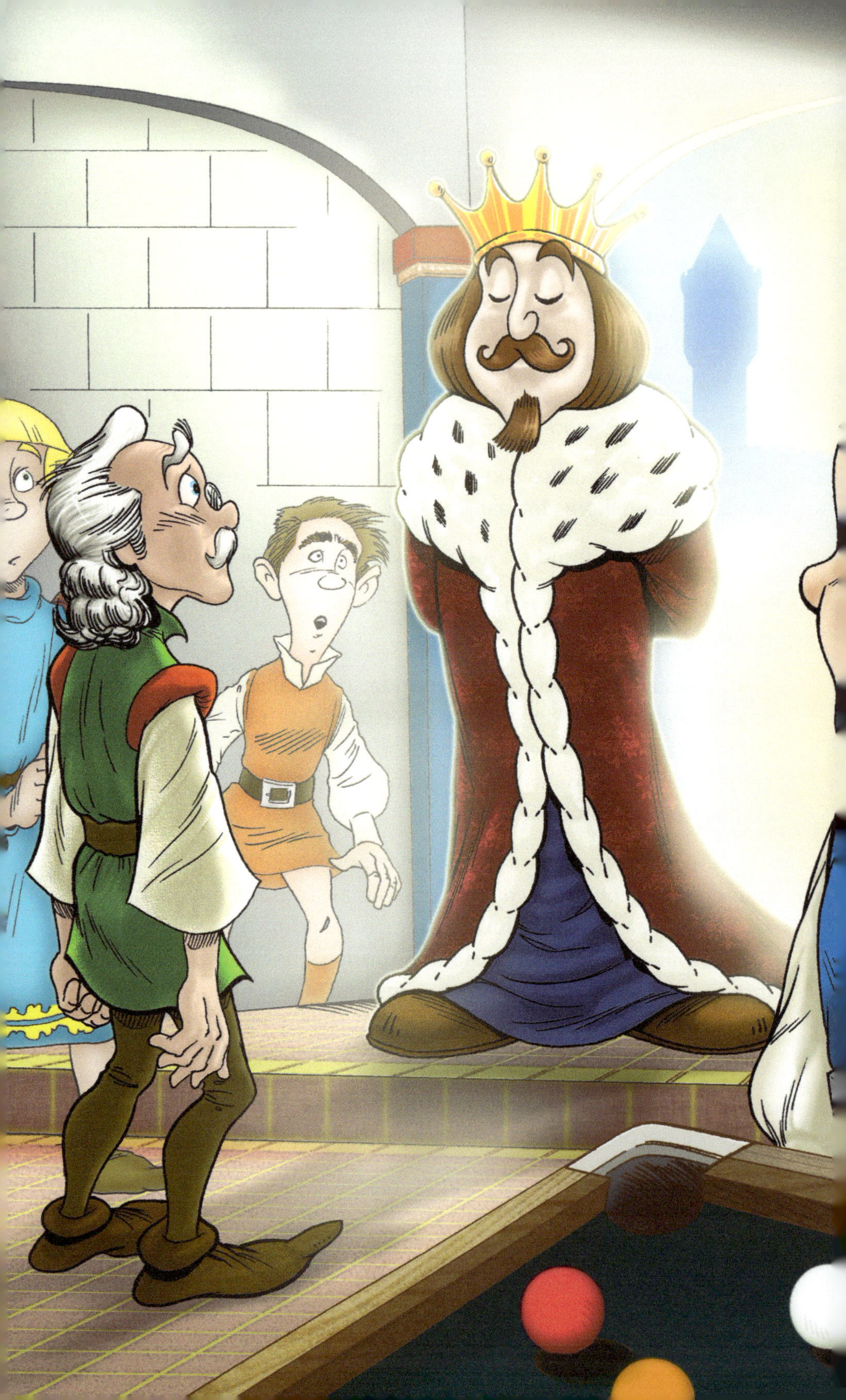

23 A decisão sábia

Em tempos recuados, existiu um rei poderoso e bom, que se fizera notado pela sabedoria.

Convidado a verificar, solenemente, a invenção de um súdito, cuja cabeça era um prodígio na Matemática, compareceu em trajes de honra à festa em que o novo aparelho seria apresentado.

O calculista orgulhoso mostrou a obra que havia criado pacientemente. Tratava-se de largo tabuleiro forrado de veludo negro, cercado de pequenas cavidades, sustentando regular coleção de bolas de madeira colorida. Acionadas por longos tacos de marfim, essas bolas rolavam na direção das cavidades naturais, dando ensejo a um jogo de grande interesse pela expectação que provocava.

Revestiu-se a festa de brilho indisfarçável.

Contendores variados disputaram partidas de vulto.

Dia inteiro, grande massa popular rodeou o invento, comendo e bebericando.

O próprio monarca seguiu a alegria geral, dando mostras de evidente satisfação. Serviu-se, ao almoço, junto às grandes bandejas de carne, pão e frutos, em companhia dos amigos, e aplaudia, contente, quando esse ou aquele participante do novo e inocente jogo conseguia posição invejável perante os companheiros.

À tardinha, encerrada a curiosidade geral, o inventor aguardou o parecer do soberano, com inexcedível orgulho. Aglomerou-se o povo, igualmente, a fim de ouvi-lo.

Não se cansava o público de admirar o jogo efetuado por meio de cálculos divertidos.

Despedindo-se, o rei levantou-se, fez-se visto de todos e falou ao vassalo inteligente:

— Genial matemático: a autoridade de minha coroa determina que sua obra de raciocínio seja premiada com cem peças de ouro que os cofres reais levarão ao seu crédito, ainda hoje, em homenagem à sua paciência e habilidade. Essa remuneração, todavia, não lhe visa somente o valor pessoal, mas também certos benefícios que a sua máquina vem trazer a muitos homens e mulheres de meu reino, menos afeitos às virtudes construtivas que todos devemos respeitar neste mundo. Enquanto jogarem suas bolas de madeira, possivelmente muitos indivíduos, cujos instintos criminosos ainda se acham adormecidos, se desviarão do delito provável e muitos caçadores ociosos deixarão em paz os animais amigos de nossas florestas.

O monarca fez comprida pausa, e a multidão prorrompeu em aplausos delirantes.

Via-se o inventor cercado de abraços quando o soberano recomeçou:

— Devo acrescentar, porém, que a sabedoria de meu cetro ordena que o senhor seja punido com cinquenta dias de prisão forçada, a fim de que aprenda a utilizar sua capacidade intelectual em benefício de todos. A inteligência humana é uma luz cuja claridade deve ser consagrada à cooperação com o supremo Senhor, na Terra. Sua invenção não melhora o campo, nem cria trabalho sério; não ajuda as sementes, nem ampara os animais; não protege fontes, nem conserva estradas; não colabora com a educação, nem serve aos ideais do bem. Além disso, arrasta centenas de pessoas, qual se verificou neste dia, conosco, a perderem valioso tempo na expectativa inútil. Volte aos seus abençoados afazeres mentais, mesmo no cárcere, e dedique sua inteligência à criação de serviço e utilidades em proveito de todos, porque, se o meu poder o recompensa, a minha experiência o corrige.

Quando o rei concluiu e desceu da tribuna, o inventor se fizera muito pálido, o povo não bateu palmas; entretanto, toda gente aprendeu, na decisão sábia do grande soberano, que ninguém deve menosprezar os tesouros da inteligência e do tempo sobre a Terra.

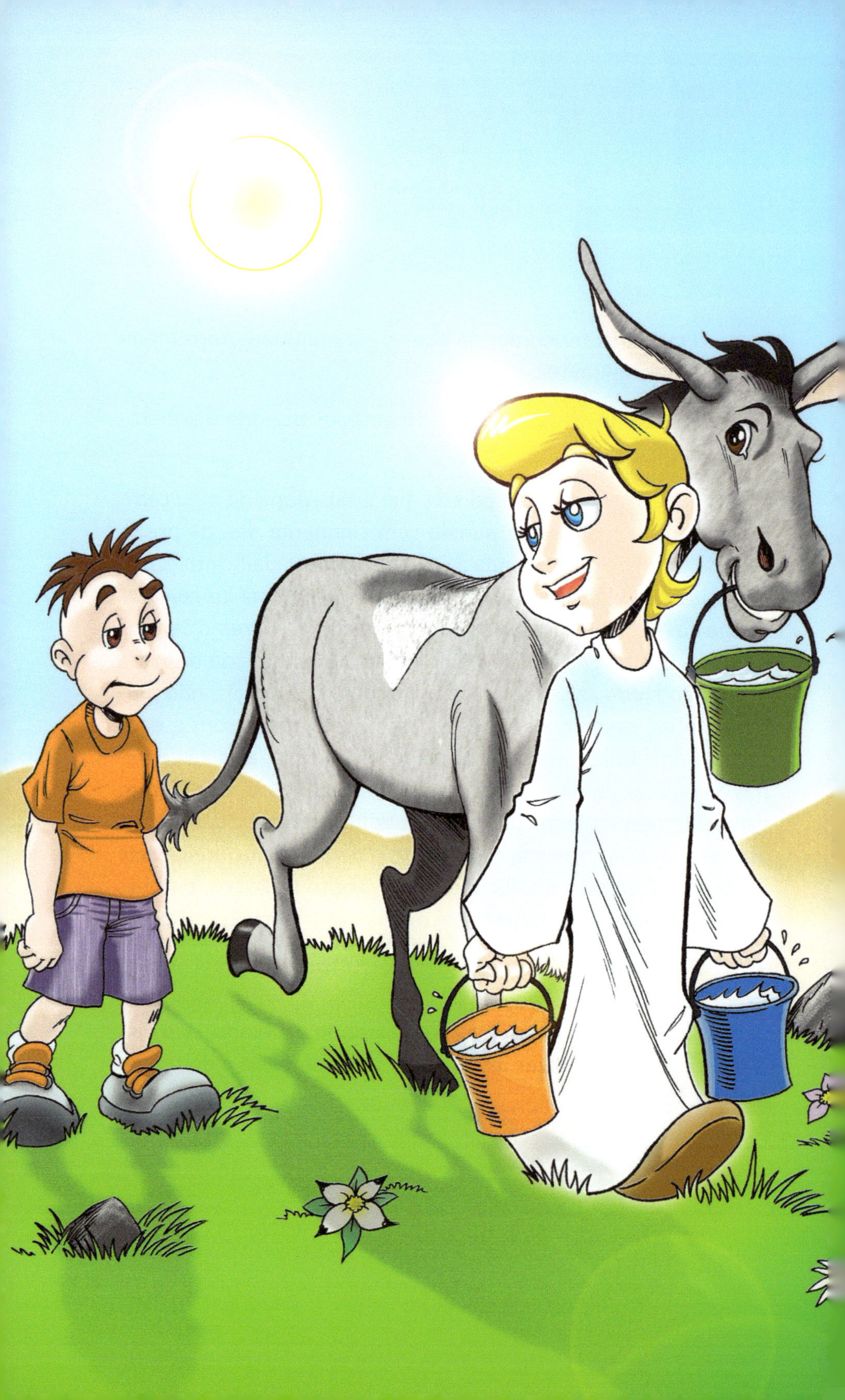

24 O aprendiz desapontado

Um menino que desejava ardentemente residir no Céu, numa bonita manhã, quando se encontrava no campo em companhia de um burro, recebeu a visita de um anjo.

Reconheceu, depressa, o emissário de Cima, pelo sorriso bondoso e pela veste resplandecente.

Alucinado de júbilo, o rapazelho gritou:

— Mensageiro de Jesus, quero o paraíso! Que fazer para chegar até lá?!

O Anjo respondeu com gentileza:

— O primeiro caminho para o Céu é a obediência, e o segundo, é o trabalho.

O pequeno, que não parecia muito diligente, ficou pensativo.

O enviado de Deus então disse:

— Venho a este campo a fim de auxiliar a Natureza que tanto nos dá.

Fixou o olhar mais docemente na criança e rogou:

— Queres ajudar-me a limpar o chão, carregando estas pedras para o fosso vizinho?

O menino respondeu:

— Não posso.

Todavia, quando o emissário celeste se dirigiu ao burro, o animal prontificou-se a transportar os calhaus, pacientemente, deixando a terra livre e agradável.

Em seguida, o anjo passou a dar ordens de serviço em voz alta, mas o menino recusava-se a contribuir, enquanto o burro ia obedecendo.

No instante de mover o arado, o rapazinho desfez-se em palavras feias, fugindo à colaboração. O muar disciplinado, contudo, ajudou, quanto pôde, em silêncio.

No momento de preparar a sementeira, verificou-se o mesmo quadro: o pequeno repousava e o burro trabalhava.

Em todas as medidas iniciais da lavoura, o pesado animal agia cuidadoso, colaborando eficientemente com o lavrador celeste; entretanto, o jovem, cheio de saúde e leveza, permaneceu amuado a um canto, choramingando sem saber por que e acusando não se sabe a quem.

No fim do dia, o campo estava lindo.

Canteiros bem desenhados surgiam ao centro, ladeados por fios de água benfeitora.

As árvores, em derredor, pareciam orgulhosas de protegê-los. O vento deslizava tão manso que mais se assemelhava a um sopro divino cantando nas campânulas do matagal.

A Lua apareceu espalhando intensa claridade.

O anjo abraçou o obediente animal, agradecendo-lhe a contribuição. Vendo o menino que o mensageiro se punha de volta, gritou ansioso:

— Anjo querido, quero seguir contigo, quero ir para o Céu!...

O emissário divino respondeu, porém:

— O paraíso não foi feito para gente preguiçosa. Se desejas encontrá-lo, aprende primeiramente a obedecer como o burro que soube receber a bênção da disciplina e o valor da educação.

E, assim esclarecendo, subiu para as estrelas, deixando o rapazinho desapontado, mas disposto a mudar de vida.

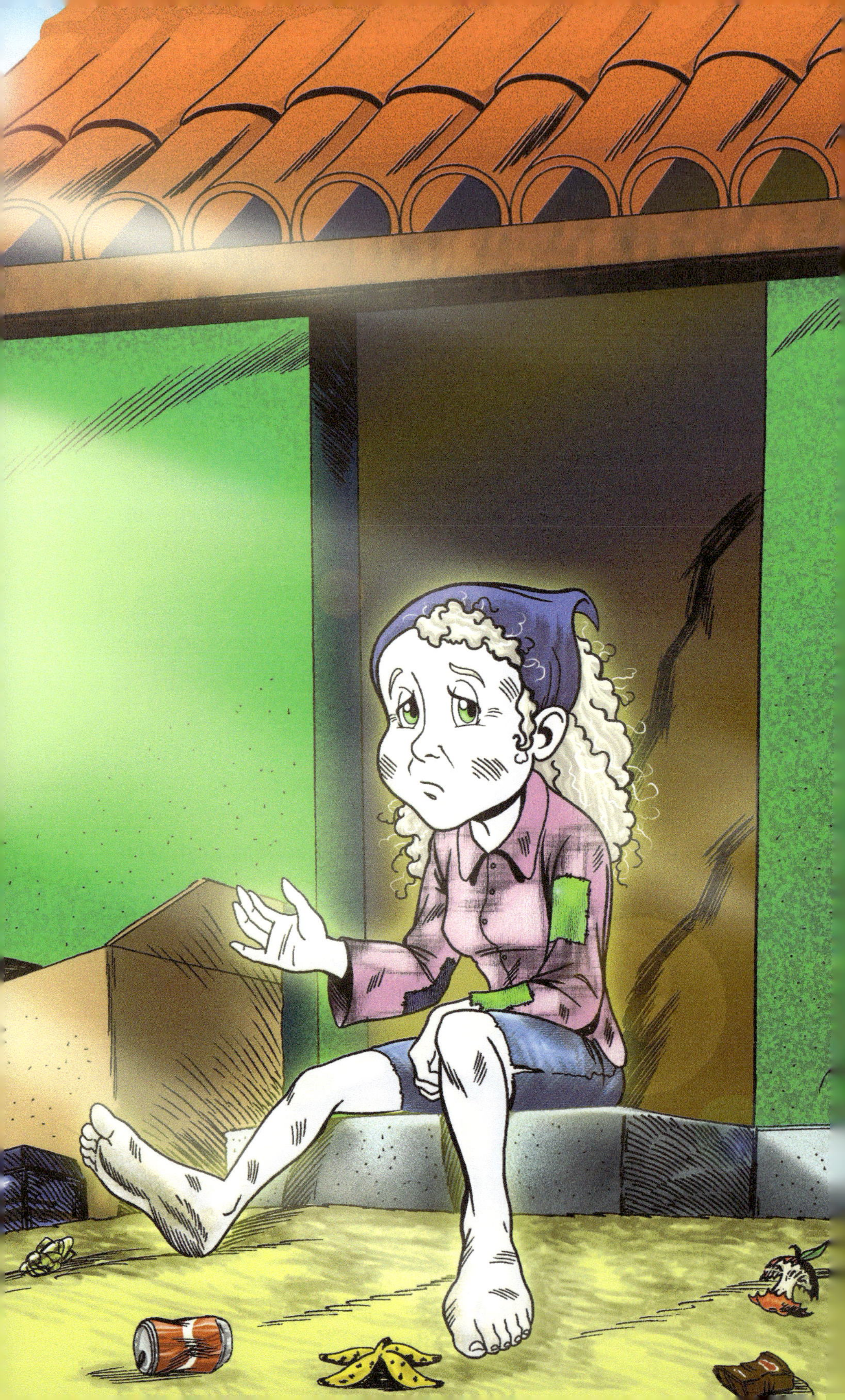

25 A falsa mendiga

Zezélia pedia esmolas havia muitos anos.

Não era tão doente que não pudesse trabalhar, produzindo algo de útil, mas não se animava a enfrentar qualquer disciplina de serviço.

— Esmola pelo amor de Deus! — clamava o dia inteiro, dirigindo-se aos transeuntes, sentada à porta de imundo telheiro.

De quando em quando, pessoas amigas, depois de lhe darem um níquel, aconselhavam:

— Zezélia, você não poderia plantar algum milho?

— Não posso... — respondia logo.

— Zezélia, quem sabe poderia você beneficiar alguns quilos de café?

— Quem sou eu, meu filho? Não tenho forças...

— Não desejaria lavar roupa e ganhar algum dinheiro? — indagavam damas bondosas.

— Nem pensar nisso. Não aguento...

— Zezélia, vamos vender flores! — convidavam algumas jovens que se compadeciam dela.

— Não posso andar, minhas filhas!... — exclamava, suspirando.

— E o bordado, Zezélia? — interrogava a vizinha prestativa. — Você tem as mãos livres. A agulha é uma boa companheira. Quem sabe poderá ajudar-nos? Receberá compensadora remuneração.

— Não tenho os dedos seguros — informava teimosa — e falta-me suficiente energia... Não posso, minha senhora...

E, assim, Zezélia vivia prostrada, sem ânimo, sem alegria.

Afirmava sentir dores por toda parte do corpo. Dava notícias da tosse, da tonteira e do resfriado com longas palavras que raras pessoas dispunham de tempo para ouvir. Além das lamentações contínuas, clamava que não bebia café por falta de açúcar, que não almoçara por não dispor de alimentação.

Tanto pediu, chorou e se queixou Zezélia que, em certa manhã, foi encontrada morta, e a caridade pública enterrou-lhe o corpo com muita piedade.

Todos os vizinhos e conhecidos julgaram que a alma de Zezélia fora diretamente para o Céu; entretanto, não foi assim.

Ela acordou em meio dum campo muito escuro e muito frio.

Achava-se sem ninguém e gritou aflita pelo socorro de Deus.

Depois de muito tempo, um anjo apareceu e disse-lhe bondoso:

Alvorada Cristã

— Zezélia, que deseja você?

— Ah! — observou muito vaidosa — já sou conhecida na Casa celestial?

— Há muito tempo — informou o emissário compadecido.

A velha começou a chorar e rogou em pranto:

— Tenho sofrido muito!... Quero o amparo do Alto!...

— Mas, ouça — esclareceu o mensageiro —, o auxílio divino é para quem trabalha. Quem não planta, nada tem a colher. Você não cavou a terra, não cuidou de plantas, não ajudou os animais, não fiou o algodão, não teceu fios, não costurou o pano, não amparou crianças, não fez pão, não lavou roupa, não varreu a casa, não cuidou de flores, não tratou nem mesmo de sua saúde e de seu corpo... Como pretende receber as bênçãos de Cima?

A infeliz observou, então:

— Nada podia fazer... Eu era mendiga...

O Anjo, contudo, replicou:

— Não, Zezélia, você não era mendiga! Você foi simplesmente preguiçosa. Quando aprender a trabalhar, chame por nós e receberá o socorro celeste.

Cerrou-se-lhe aos olhos o horizonte de luz e, às escuras, Zezélia voltou para a Terra a fim de renovar-se.

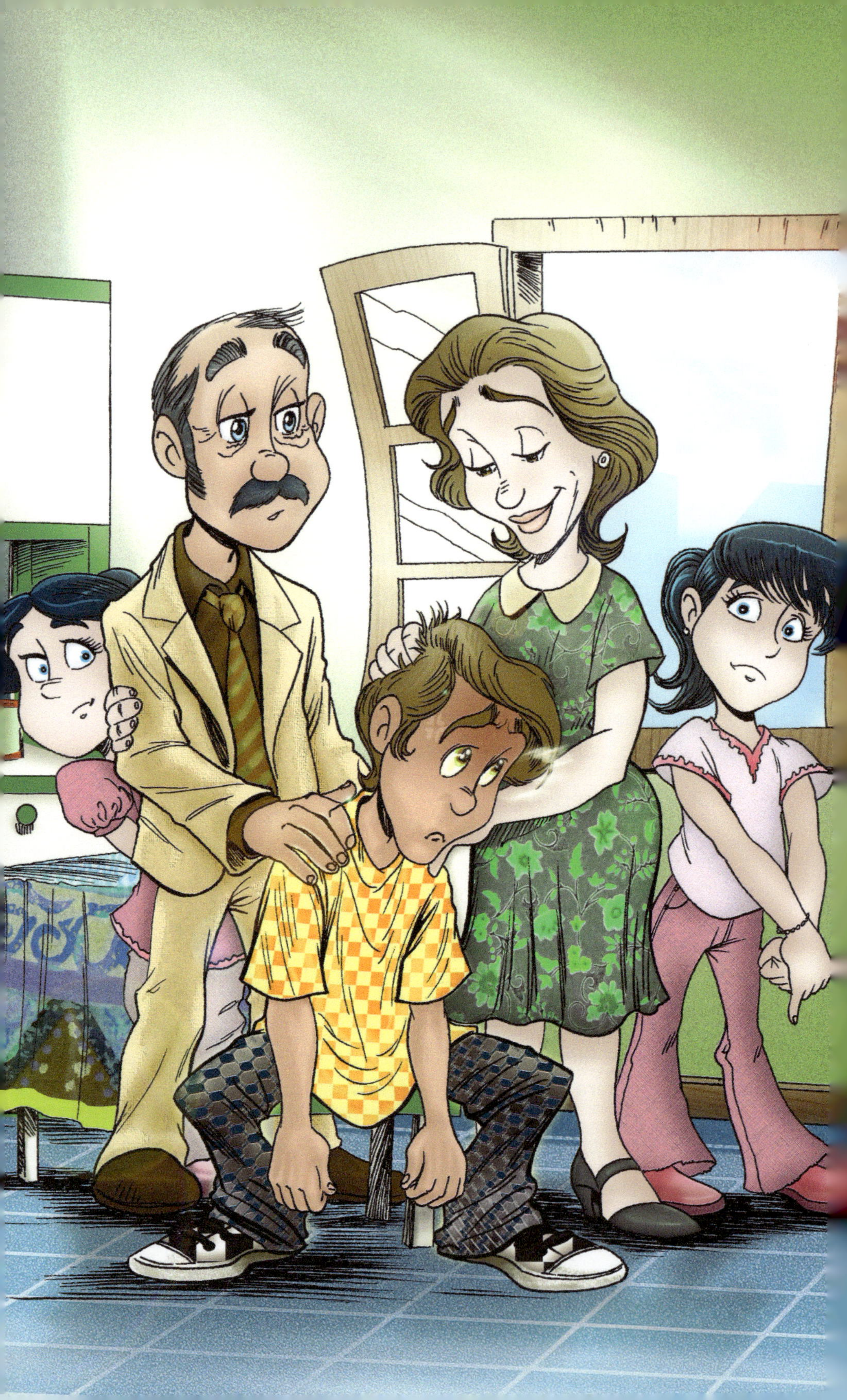

26 O grito de cólera

Lembra-se do instante em que gritou fortemente, antes do almoço?

Por insignificante questão de vestuário, você pronunciou palavras feias em voz alta, desrespeitando a paz doméstica.

Ah! meu filho, quantos males foram atraídos por seu gesto de cólera!...

A mamãe, muito aflita, correu para o interior, arrastando atenções de toda a casa. Voltou-lhe a dor de cabeça, e o coração tornou a descompassar-se.

As duas irmãs, que cuidavam da refeição, dirigiram-se precipitadamente para o quarto a fim de socorrê-la, e duas terças partes do almoço ficaram inutilizadas.

Em razão das circunstâncias provocadas por sua irreflexão, o papai, muito contrariado, foi compelido a esperar mais tempo em casa, chegando ao serviço com grande atraso.

Seu chefe não estava disposto a tolerar-lhe a falta e recebeu-o com repreensão áspera.

Quem o visse, ereto e digno, a sofrer essa pena em virtude da sua leviandade, sentiria compaixão, porque você não passa de um jovem necessitado de disciplina, e ele é um homem de bem, idoso e correto, que já venceu muitas tempestades para amparar a família e defendê-la. Humilhado, suportou as consequências de seu gesto impulsivo, por vários dias, observado na oficina qual se fora um menino vadio e imprudente.

Os resultados de sua gritaria foram, porém, mais vastos.

A mãezinha piorou, e o médico foi chamado. Medicamentos de alto preço, trazidos à pressa, impuseram vertiginosa subida às despesas, e o papai não conseguiu pagar todas as contas de armazém, farmácia e aluguel de casa.

Durante seis meses, toda a sua família lutou e solidarizou-se para recompor a harmonia quebrada, desastradamente, por sua ira infantil.

Cento e oitenta dias de preocupações e trabalhos árduos, sacrifícios e lágrimas! Tudo porque você, incapaz de compreender a cooperação alheia, pôs-se a berrar, inconscientemente, recusando a roupa que lhe não agradava.

Alvorada Cristã

Pense na lição, meu filho, e não repita a experiência.

Todos estamos unidos, reciprocamente, por meio de laços que procedem dos desígnios divinos. Ninguém se reúne ao acaso. Forças superiores impelem-nos uns para os outros, de modo a aprendermos a ciência da felicidade, no amor e no respeito mútuos.

O golpe do machado derruba a árvore de vez.

A ventania destrói um ninho de momento para outro.

A ação impensada de um homem, todavia, é muito pior.

O grito de cólera é um raio mortífero, que penetra o círculo de pessoas em que foi pronunciado e aí se demora, indefinidamente, provocando moléstias, dificuldades e desgostos.

Por que não aprende a falar e a calar em benefício de todos?

Ajude em vez de reclamar.

A cólera é força infernal que nos distancia da paz divina.

A própria guerra, que extermina milhões de criaturas, não é senão a ira venenosa de alguns homens que se alastra, por muito tempo, ameaçando o mundo inteiro.

Meu filho,

...s razão em favor da cólera.
...itamente, quando o velhinho se
... vai servir-lhe.

27 Carta paterna

Meu filho, não tinhas razão em favor da cólera.

Vi, perfeitamente, quando o velhinho se aproximou para servir-te.

Trazia um coração amoroso e atento que não soubeste compreender.

Deste uma ordem que o pobrezinho não ouviu tão bem quanto desejavas. Repetiste-a e, porque novamente te perguntasse qualquer coisa, proferiste palavras feias, que lhe feriram as fibras mais íntimas.

Como foste injusto!...

Quando nasceste, o antigo servidor já vencera muitos invernos e servira a muita gente.

Enfraqueceram-se-lhe os ouvidos, ante as imperiosas determinações alheias.

Francisco Cândido Xavier/ Neio Lúcio

Nunca refletiste na neblina que lhe enevoa o olhar? Adquiriu-a trabalhando à noite, enquanto dormias despreocupado.

Sabes por que traz ele as pernas trêmulas? Devorou muitas léguas a pé, solucionando problemas dos outros.

Irritas-te quando se demora a movimentar-se a teu mando. Contudo, exiges o automóvel para a viagem de dois quilômetros.

Em muitas ocasiões, queixas-te contra ele. É relaxado aos teus olhos, tem as mãos descuidadas e a roupa não muito limpa. Entretanto, nunca imaginaste que o apagado servidor jamais encontrou oportunidades iguais às que recebeste. Além disso, não lhe ofereces o ensinamento amigo nem tempo para cogitar das próprias necessidades espirituais.

Reclamas longos dias para examinar pequenina questão referente ao teu bem-estar; todavia, não lhe consagras nem mesmo uma hora por semana, ajudando-o a refletir...

Respondes, enfadado, quando o velho companheiro te pede alguns níqueis, mas não vacilas em despender pequenas fortunas com amigos ociosos, em noitadas alegres, nas quais te mergulhas em fantasioso contentamento.

Alvorada Cristã

Interrogas ingrato: que fizeste do dinheiro que te dei?

Esqueces que o servo de fronte enrugada não dispôs de tempo e recurso para calcular, com exatidão, os processos de ganhar além do necessário e não conseguiu ensejo de ilustrar o raciocínio com o refinamento que caracteriza o teu.

Ah! meu filho, quando a impaciência te visita o Espírito, recorda que o monstro da ira indesejável te bate à porta do coração. E quando a ele te entregas imprevidente, tuas conquistas mais elevadas tremem nos alicerces. Chego a desconhecer-te, porque a fúria dos elementos interiores te altera a individualidade aos meus olhos e eu não sei se passas a condição de criança ou de demônio!...

Se não podes conter, ainda, os movimentos impulsivos de sentimentos perturbadores, chegado o instante do testemunho, cala-te e espera.

A cólera nada edifica e nada restaura... Apenas semeia desconfiança e temor ao redor de teus passos.

Não ameaces com a voz nem te insurjas contra ninguém.

É provável que guardes alguma reclamação contra mim, teu pai, porque eu também sou ainda humano. No entanto, filho, acima de nós ambos permanece o Pai Supremo, e que seria de ti e de mim se Deus, um dia, se encolerizasse contra nós?

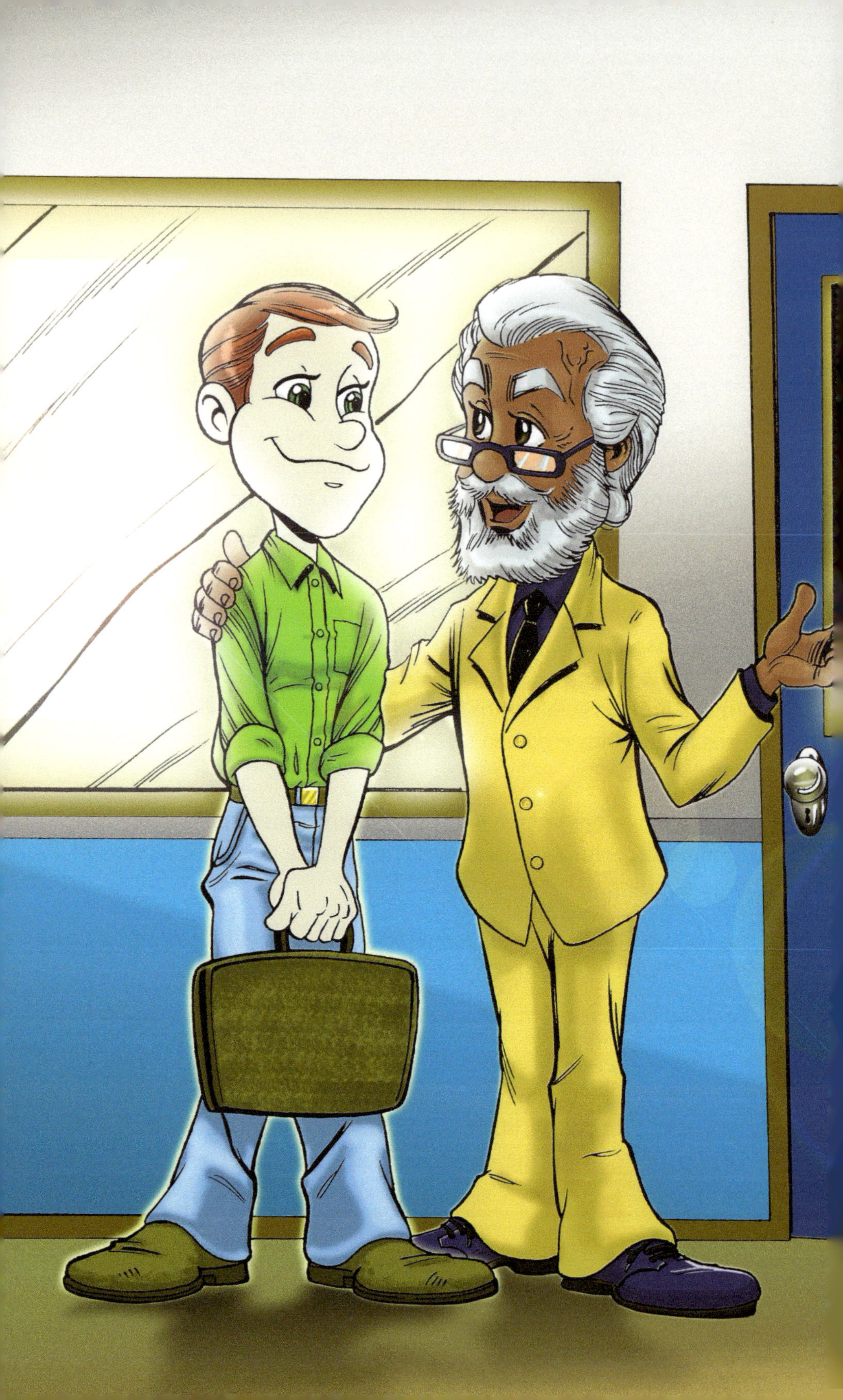

28 A pregação fundamental

Um aprendiz de Nosso Senhor Jesus Cristo entusiasmou-se com os ensinamentos do Evangelho e decidiu propagá-los enquanto vivesse. Leu atencioso as lições do Mestre e começou a comentá-las por toda parte, gastando dias e noites nesse mister.

Chegou, porém, o momento em que precisou pagar as próprias despesas e foi compelido a trabalhar.

Empregou-se sob as ordens de um orientador que lhe não agradou. Esse diretor de serviço achava-se muito distante da fé e, por isso, contrariavam-no as tendências religiosas. Controlavam-no as horas com rigor e observava-o com apontamentos acrimoniosos e rudes.

O pregador do Crucificado não mais se movimentava com a liberdade de outro tempo. Era obrigado a consagrar largos dias a trabalhos difíceis que lhe consumiam todas as forças. Prosseguia, ensinando a boa doutrina quanto lhe era possível; porém, não mais podia agir e falar como queria ou quando pretendia. Tinha os minutos contados, as oportunidades divididas, as semanas tabeladas e, porque se julgasse vítima das ordenações de sua chefia, procurou o diretor do serviço e despediu-se.

O proprietário que o empregara indagou o motivo que o levava à semelhante resolução.

Um tanto irônico, o rapaz explicou-se:

— Quero ser livre para melhor servir a Jesus. Não posso, pois, aceitar o cativeiro de sua casa.

Nesse dia de folga absoluta, sentiu-se tão independente e tão satisfeito que discorreu, animadamente, sobre a doutrina cristã, até depois de meia-noite, em várias casas religiosas.

Repousando feliz, alta madrugada sonhou que o Mestre vinha encontrá-lo. Reparou-lhe a beleza celeste e ajoelhou-se para beijar-lhe a túnica resplandecente.

Jesus, porém, estampava na fisionomia dolorosa a indisfarçável tristeza.

O discípulo inquietou-se e interrogou:

— Senhor, por que te sentes amargurado?

Alvorada Cristã

O Cristo respondeu melancolicamente:

— Por que desprezaste, meu filho, a pregação que te confiei?

— Como assim, Senhor? — replicou o jovem. — Ainda hoje abandonei um homem tirânico para melhor ensinar a Tua palavra. Tenho discursado em vários templos e comentado a Boa-Nova por onde passo.

— Sim — exclamou o Mestre —, esta é a pregação que me ofereces e que desejo continues fervorosamente; todavia, confiei ao teu Espírito a pregação fundamental da verdade a um homem que administra os meus interesses na Terra e não soubeste executá-la. Classificaste-o de ignorante e cruel; entretanto, olvidas que ele ignora o que sabes. E pretendes, acaso, desconhecer que o orientador humano que te dei somente poderia abordar-me os ensinos, nesta hora, por intermédio de teu exemplo? Tua humildade construtiva, no espírito de serviço, modificar-lhe-ia o coração... Se lhe desses cinco anos consecutivos de demonstrações evangélicas, estaria preparado a caminhar, por si mesmo, na direção do Reino Divino!... E ele, que determina sobre o tempo de duzentos homens, far-se-ia

Francisco Cândido Xavier/ Neio Lúcio

melhor, mais humano e mais nobre, sem prejuízo da energia e da eficiência... Poderás ensinar o caminho celestial a cem mil ouvidos, mas a pregação do exemplo, que converta um só coração ao Infinito Bem, estabelece com mais presteza a redenção do mundo!...

O aprendiz desejou perguntar alguma coisa; entretanto, o Cristo afastou-se num turbilhão de luminosa neblina.

Acordou, sobressaltado, e não mais dormiu naquela noite.

De manhã, pôs-se a caminho do estabelecimento em que trabalhara, procurou o diretor de quem se despedira e pediu humildemente:

— Senhor, rogo-lhe desculpas pelo meu gesto impensado e, caso seja possível, readmita-me nesta casa! Aceitarei qualquer gênero de tarefa.

O chefe, admirado, indagou:

— Quem te induziu a essa modificação?

— Foi Jesus — respondeu o rapaz —; não podemos servi-lo por intermédio da indisciplina ou do orgulho pessoal.

O diretor concordou sem vacilação, exclamando:

— Entre! Estamos ao seu dispor.

Anotou a boa vontade e o sincero desejo de servir de que o empregado dava agora vivo testemunho e passou a refletir na grandeza da doutrina que assim orientava os passos de um homem no aperfeiçoamento moral. E o aprendiz do Evangelho que retomou o trabalho comum, intensamente feliz, compreendeu, afinal, que poderia prosseguir na propaganda verbal que desejava e na pregação básica do exemplo que Jesus esperava dele.

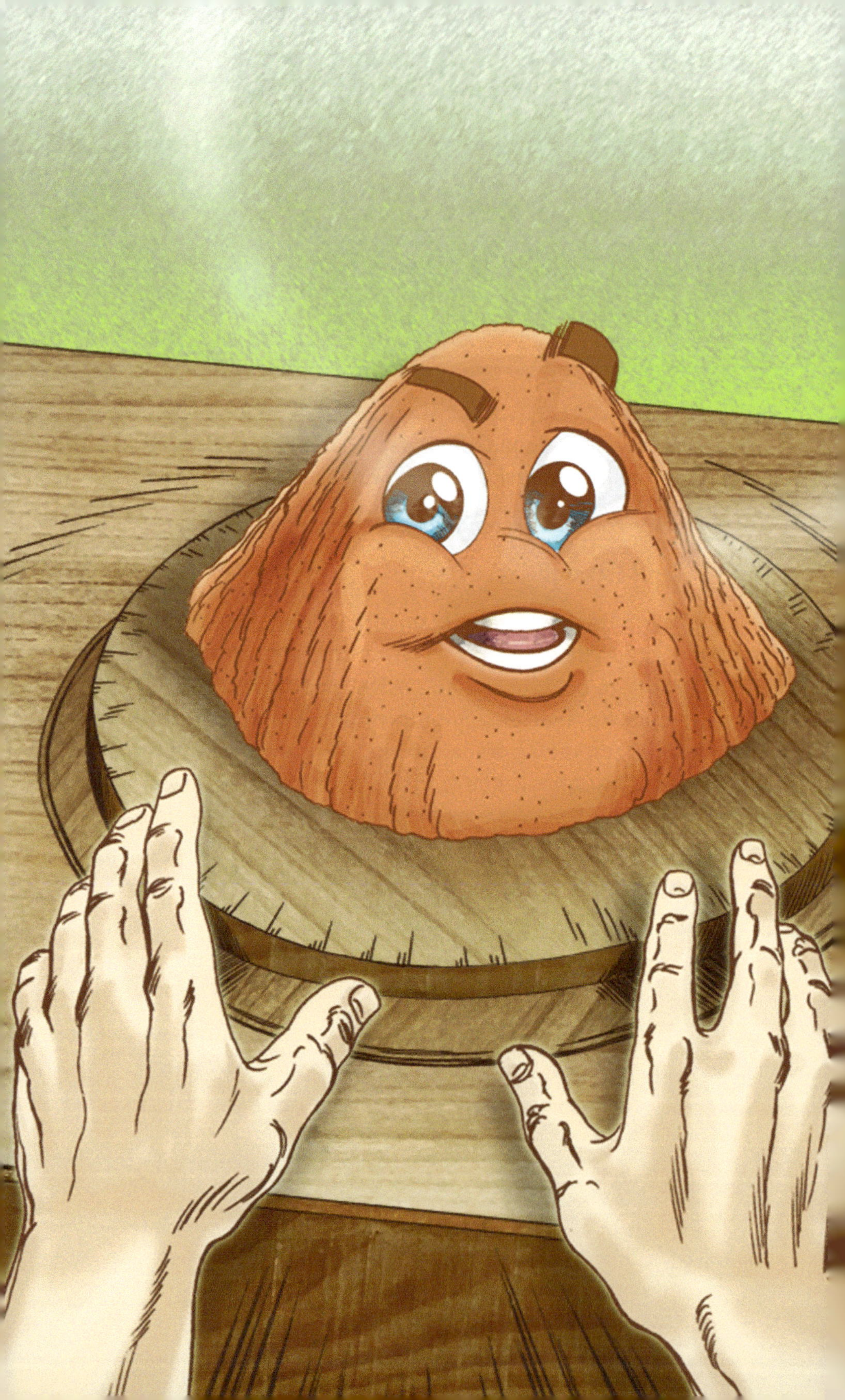

29 O barro desobediente

Houve um oleiro que chegou ao pátio de serviço e reparou com alegria em pequeno bloco de barro. Contemplou-o enlevado, em face da cor viva com que se apresentava e falou:

— Vamos! Farei de ti delicado pote de laboratório. O analista alegrar-se-á com teu concurso valioso.

Imensamente surpreendido, porém, notou que o barro retrucava:

— Oh! não, não quero! Eu, num laboratório, tolerando precipitações químicas? Por favor, não me toques para semelhante fim!

O oleiro, espantado, considerou:

— Desejo dar-te forma por amor, não por ódio. Sofrerás o calor do forno para que te faças belo e útil... Entretanto, porque te recusas ao que proponho, transformar-te-ei numa caprichosa ânfora destinada a depósito de perfumes.

— Oh! Nunca! Nunca!... — exclamou o barro — Isso não! Estaria exposto ao prazer dos inconscientes. Não estou inclinado a suportar essências através de peregrinações pelos móveis de luxo.

O dono do serviço meditou muito na desobediência da lama orgulhosa, mas, entendendo que tudo devia fazer por não trair a confiança do Céu, ponderou:

— Bem, converter-te-ei, então, num prato honrado e robusto. Comparecerás à mesa de meu lar. Ficarás conosco e serás companheiro de meus filhinhos.

— Jamais! — bradou o barro, na indisciplina. — Isso seria pesada humilhação... Transportar arroz cozido e aguentar caldos gordurosos na face? Assistir, inerme, às cenas de glutonaria em tua casa? Não, não me submetas!...

O trabalhador dedicado perdoou-lhe a ofensa e acrescentou:

— Modificaremos o programa ainda uma vez. Serás um vaso amigo, em que a límpida água repouse. Ajudarás aos sedentos que se aproximarem de ti. Muita gente abençoar-te-á a cooperação. Despertarás o contentamento e a gratidão nas criaturas!...

— Não, não! — protestou a argila. — Não quero! Seria condenar-me a tempo indefinido nas cantoneiras poeirentas ou nas salas escuras de pessoas desclassificadas. Por favor, poupa-me! Poupa-me!...

O oleiro cuidadoso considerou preocupado:

— Que será de ti quando te conduzirem ao forno? Não passarás de matéria endurecida e informe, sem qualquer utilidade ou beleza. Sem sacrifício e sem disciplina, ninguém se eleva aos planos da vida superior.

O barro, todavia, recusou a advertência, bradando:

— Não aceito sacrifício nem disciplina...

Antes que pudesse prosseguir, passou o enfornador arrebanhando a argila pronta, e o barro desobediente foi também conduzido ao forno em brasa.

Decorrido algum tempo, a lama vaidosa foi retirada e — ó surpresa! — não era pote de laboratório, nem ânfora de perfume, nem prato de refeição, nem vaso para água, e sim feio pedaço de terra requeimada e morta, sem qualquer significação, sendo imediatamente atirada ao pântano.

Assim acontece a muitas criaturas no mundo. Revoltam-se contra a vontade soberana do Senhor que as convida ao trabalho de aperfeiçoamento, mas, depois de levadas pela experiência ao forno da morte, transformam-se em verdadeiros fantasmas de desilusão e sofrimento, necessitando de longo tempo para retornarem às bênçãos da vida mais nobre.

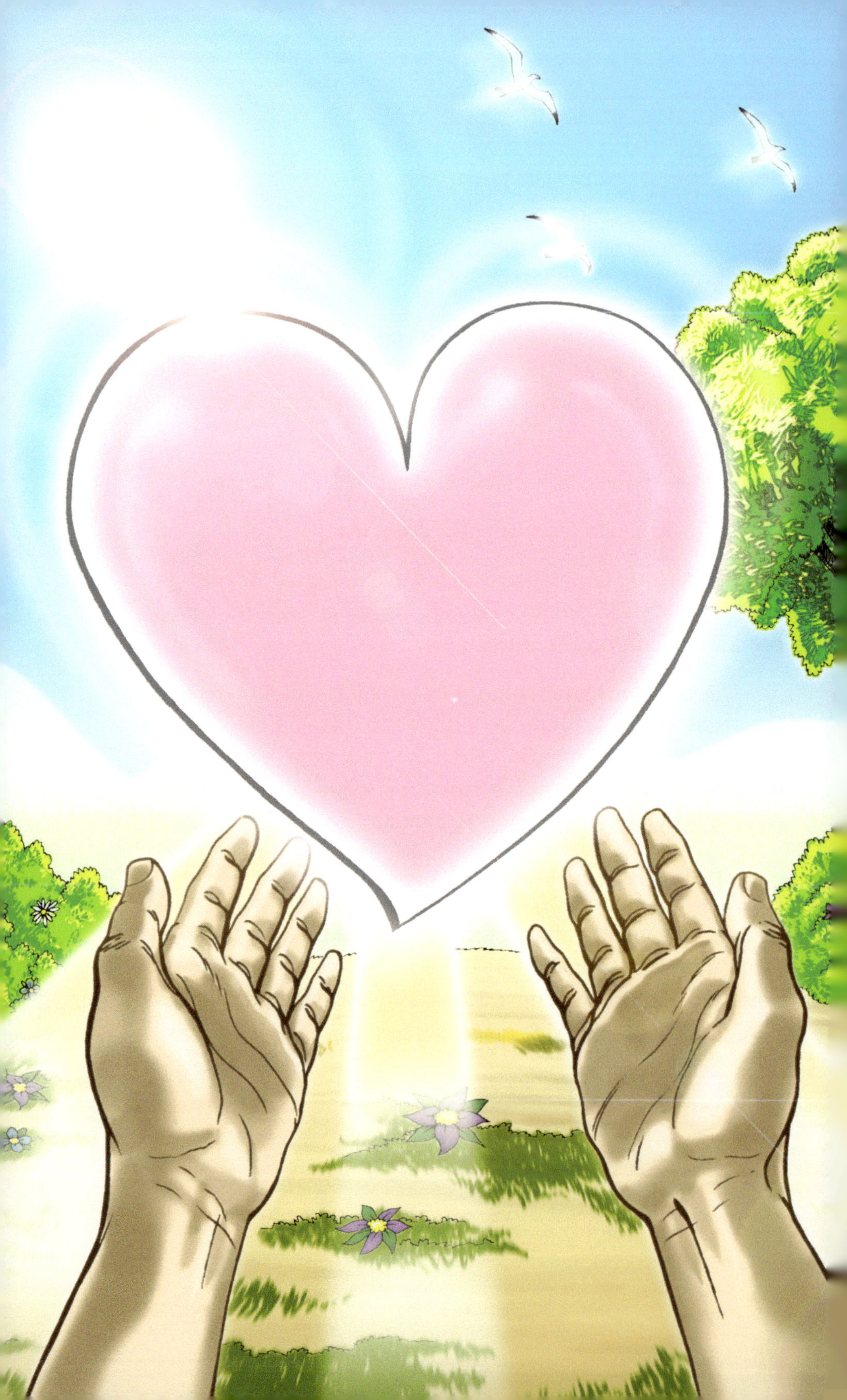

30 Dá de ti mesmo

Declaraste não possuir dinheiro para auxiliar.

Acreditas que um pouco de papel ou um tanto de níquel te substituem o coração?

Esqueces-te, meu filho, de que podes sorrir para o doente e estender a mão ao necessitado?

A flor não traz consigo uma bolsa de ouro, entretanto, espalha perfume no firmamento.

O céu não exibe chuvas de moedas, mas enche o mundo de luz.

Quanto pagas pelo ar fresco que, em bafejos amigos, te visita o quarto pela manhã?

O oxigênio cobra-te imposto?

Quanto te custa a ternura materna?

As aves cantam gratuitamente.

A fonte que te oferece o banho reconfortador não exige mensalidade.

Francisco Cândido Xavier/ Neio Lúcio

A árvore abre-te os braços acolhedores, repletos de flor e fruto, sem pedir vintém.

A bênção divina, cada noite, conduz o teu pensamento a bendito repouso no sono e não fazes retribuição de espécie alguma. Habitualmente sonhas, colhendo rosas em formoso jardim, junto de companheiros felizes; no entanto, jamais te lembraste de agradecer aos gênios espirituais que te proporcionam venturoso descanso.

A estrela brilha sem pagamento.

O Sol não espera salário.

Por que não aprenderes com a Natureza em torno?

Por que não te fazeres mais alegre, mais comunicativo, mais doce?

Tens a fisionomia seca e ensombrada por faltar-te dinheiro excessivo e reclamas recursos materiais para ser bom, quando a bondade não nasce dos cofres-fortes.

Alvorada Cristã

Sê irmão de teu irmão, companheiro de teu companheiro, amigo de teu amigo.

Na ciência de amar, resplandece a sabedoria de dar.

Mostra um semblante sereno e otimista aonde fores.

Estende os braços, alonga o coração, comunica-te com o próximo, por meio dos fios brilhantes da amizade fiel.

Que importa se alguém te não entende o gesto de amor?

Que seria de nós, meu filho, se a mão do Senhor se recolhesse a distância por temer-nos a rudeza e a maldade?

Dá de ti mesmo em toda parte.

Muito acima do dinheiro, pairam as tuas mãos amigas e fraternais.

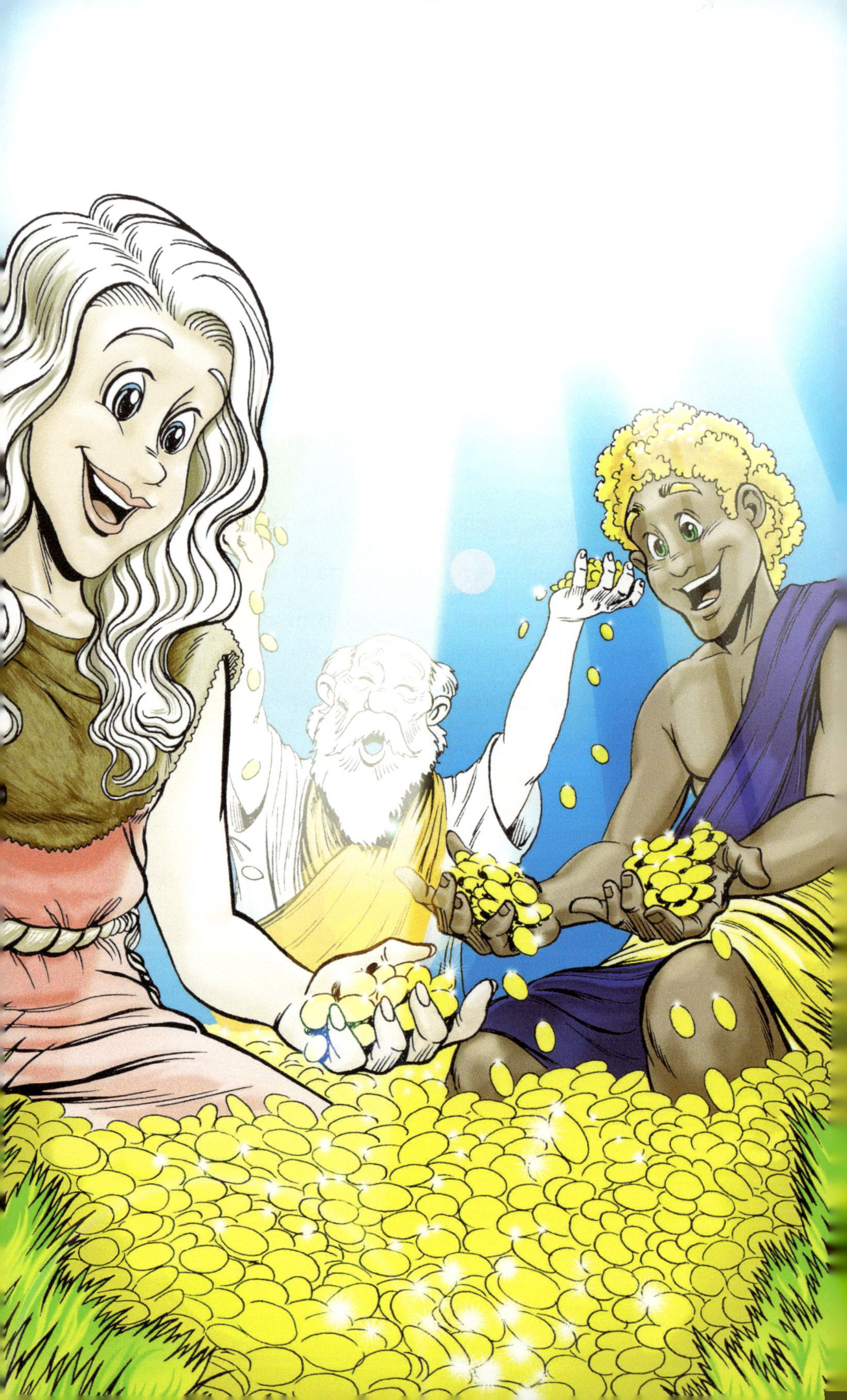

31 A lenda do dinheiro

Conta-se que, no princípio do mundo, o Senhor entrou em dificuldades no desenvolvimento da obra terrestre, porque os homens se entregaram a excessivo repouso.

Ninguém se animava a trabalhar.

Terra solta amontoava-se aqui e ali. Minerais variados estendiam-se ao léu. Águas estagnadas apareciam em toda parte.

O Divino Organizador pretendia erguer lares e templos, educandários e abrigos diversos, mas... Com que braços?

Os homens e as mulheres da Terra, convidados ao suor da edificação por amor, respondiam: "para quê?". E comiam frutos silvestres, perseguiam animais para devorá-los e dormiam sob as grandes árvores.

Após refletir muito, o Celeste Governador criou o dinheiro, adivinhando que as criaturas, presas da ignorância, se não sabiam agir por amor, operariam por ambição.

E assim aconteceu.

Tão logo surgiu o dinheiro, a comunidade fragmentou-se em pequenas e grandes facções, incentivando-se a produção de benefícios gerais e de valores imaginativos.

Apareceram candidatos a toda espécie de serviços.

O primeiro deles pediu ao Senhor permissão para fundar uma grande olaria. Outro requereu meios de pesquisar os minérios pesados, de maneira a transformá-los em utensílios. Certo trabalhador suplicou recursos para aproveitamento de grandes áreas na exploração de cereais. Outro, ainda, implorou empréstimo para produzir fios, de modo a colaborar no aperfeiçoamento do vestuário. Servidores de várias procedências vieram e solicitaram auxílio financeiro destinado à criação de remédios.

O Senhor a todos atendeu com alegria.

Em breve, olarias e lavouras, teares rústicos e oficinas rudimentares se improvisaram aqui e acolá, desenvolvendo progresso amplo na inteligência e nas coisas.

Os homens, ansiosamente procurando o dinheiro, a fim de se tornarem mais destacados e poderosos entre si, trabalhavam sem descanso, produzindo tijolos, instrumentos agrícolas, máquinas, fios, óleos, alimento abundante, agasalho, calçados e inúmeras invenções de conforto, e, assim, a terra menos proveitosa foi removida, as pedras foram aproveitadas, e os rios, canalizados convenientemente para a irrigação; os frutos foram guardados em conserva preciosa; estradas foram traçadas de norte a sul, de leste a oeste, e as águas receberam as primeiras embarcações.

Alvorada Cristã

Toda gente perseguia o dinheiro e guerreava pela posse dele.

Vendo, então, o Senhor que os homens produziam vantagens e prosperidade no anseio de posse, considerou satisfeito:

— Meus filhos da Terra não puderam servir por amor, em vista da deficiência que, por enquanto, lhes assinala a posição; todavia, o dinheiro estabelecera benéficas competições entre eles, em benefício da obra geral. Reterão provisoriamente os recursos que me pertencem e, com a sensação da propriedade, improvisarão todos os produtos e materiais de que o aprimoramento do mundo necessita. Esta é a minha Lei de Empréstimo que permanecerá assentada no Céu. Cederei possibilidades a quantos mo pedirem, de acordo com as exigências do aproveitamento comum; todavia, cada beneficiário apresentar-me-á contas do que houver despendido, porque a Morte conduzi-los-á, um a um, à minha presença. Este decreto divino funcionará para cada pessoa, em particular, até que meus filhos, individualmente, aprendam a servir por amor à felicidade geral, livres do grilhão que a posse institui.

Desde então, a maioria das criaturas passou a trabalhar por dedicação ao dinheiro, que é de propriedade exclusiva do Senhor, da aplicação do qual cada homem e cada mulher prestarão contas a Ele mais tarde.

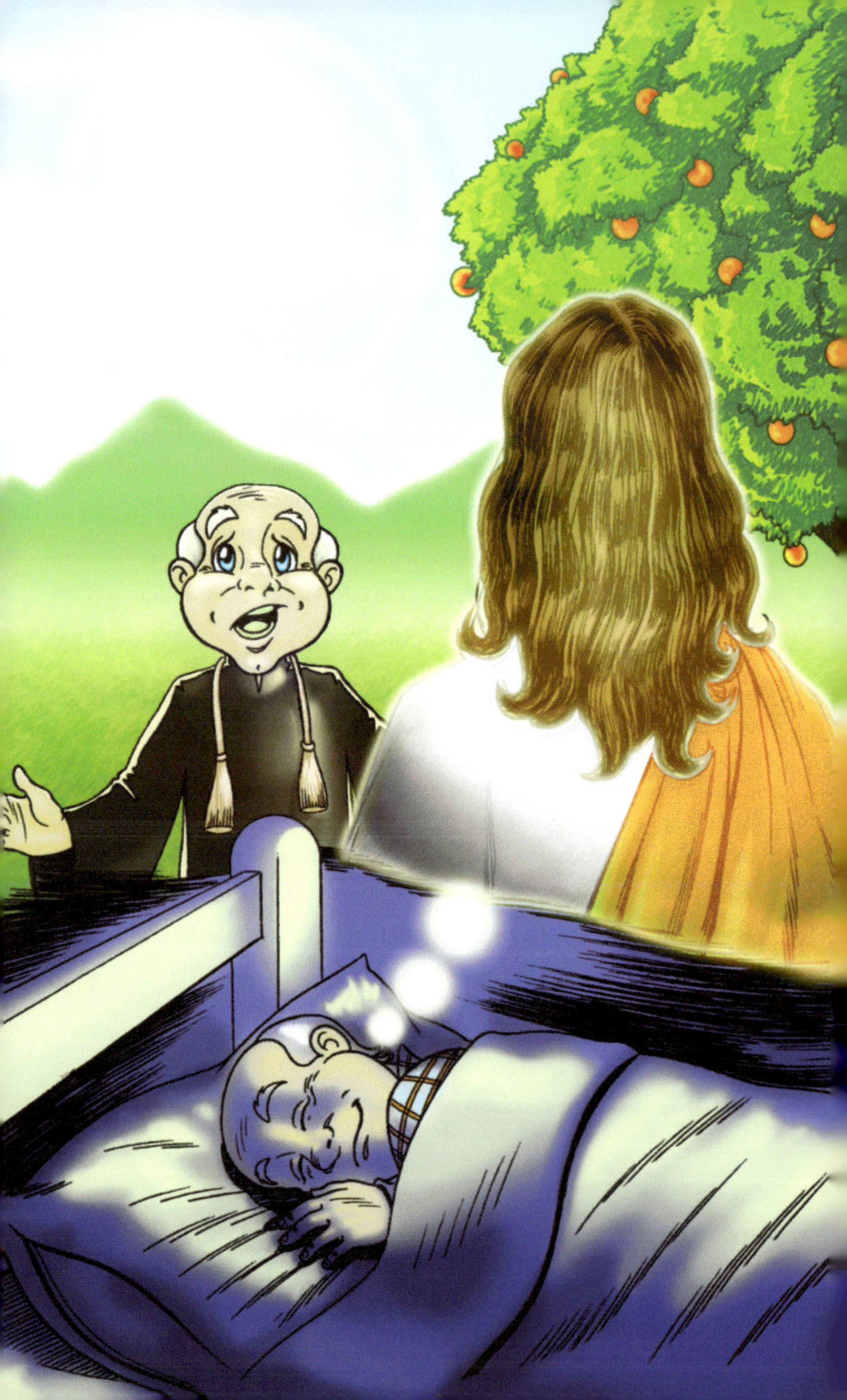

32 A sentença cristã

Um juiz cristão, rigoroso nas aplicações da lei humana, mas fiel no devotamento ao Evangelho, encontrando-se em meio duma sociedade corrompida e perversa, orou, implorando a presença de Jesus.

Tantas sentenças condenatórias devia proferir diariamente, que se lhe endurecera o coração.

Atormentado, porém, entre a confiança que consagrava ao Divino Mestre e as acusações que se acreditava compelido a formular, rogou, certa noite, ao Senhor lhe esclarecesse o espírito angustiado.

Efetivamente, sonhou que Jesus vinha desfazer-lhe as dúvidas aflitivas. Ajoelhou-se aos pés do Amoroso Amigo e perguntou:

— Mestre, que normas adotar perante um homicida? Não estará logicamente incurso nas penas legais?

O Cristo sorriu de leve e respondeu:

— Sim, o criminoso está condenado a receber remédio corretivo, por estar doente da alma.

Francisco Cândido Xavier/ Neio Lúcio

O juiz considerou estranha a resposta; contudo, prosseguiu indagando:

— Como agir ante o delinquente rude, Senhor?

— Está condenado a valer-se de nosso auxílio, por meio da educação pelo amor paciente e construtivo — explicou Jesus bondoso e calmo.

— Mestre, e que corrigenda aplicar ao preguiçoso?

— Está condenado a manejar a enxada ou a picareta, conquistando o pão com o suor do rosto.

— Que farei da mulher pervertida? — interrogou o jurista surpreso.

— Está condenada a beneficiar-se de nosso amparo fraterno, a fim de que se reerga para a elevação do trabalho e para a dignidade humana.

— Senhor, como julgar o ignorante?

— Está condenado aos bons livros.

— E o fanático?

— Está condenado a ser ouvido e interpretado com tolerância e caridade, até que aprenda a libertar a própria alma.

Alvorada Cristã

— Mestre, e que diretrizes adotar ante um ladrão?

— Está condenado à oficina e à escola, sob vigilância benéfica.

— E se o ladrão é um assassino?

— Está condenado ao hospício, onde se lhe cure a mente envenenada.

O magistrado passou a meditar gravemente e lembrou-se de que deveria modificar todas as peças do tribunal, substituindo a discriminação de castigos diversos por remédio, serviço, fraternidade e educação. Todavia, não se sentindo bem com a própria consciência, endereçou ao Senhor suplicante olhar e perguntou, depois de longos instantes:

— Mestre, e de mim mesmo, que farei?

Jesus sorriu, ainda uma vez, e disse sereno:

— O cristão está condenado a compreender e ajudar, amar e perdoar, educar e construir, distribuir tarefas edificantes e bênçãos de luz renovadora, onde estiver.

Nesse momento, o juiz acordou em lágrimas e, de posse da sublime lição que recebera, reconheceu que, dali em diante, seria outro homem.

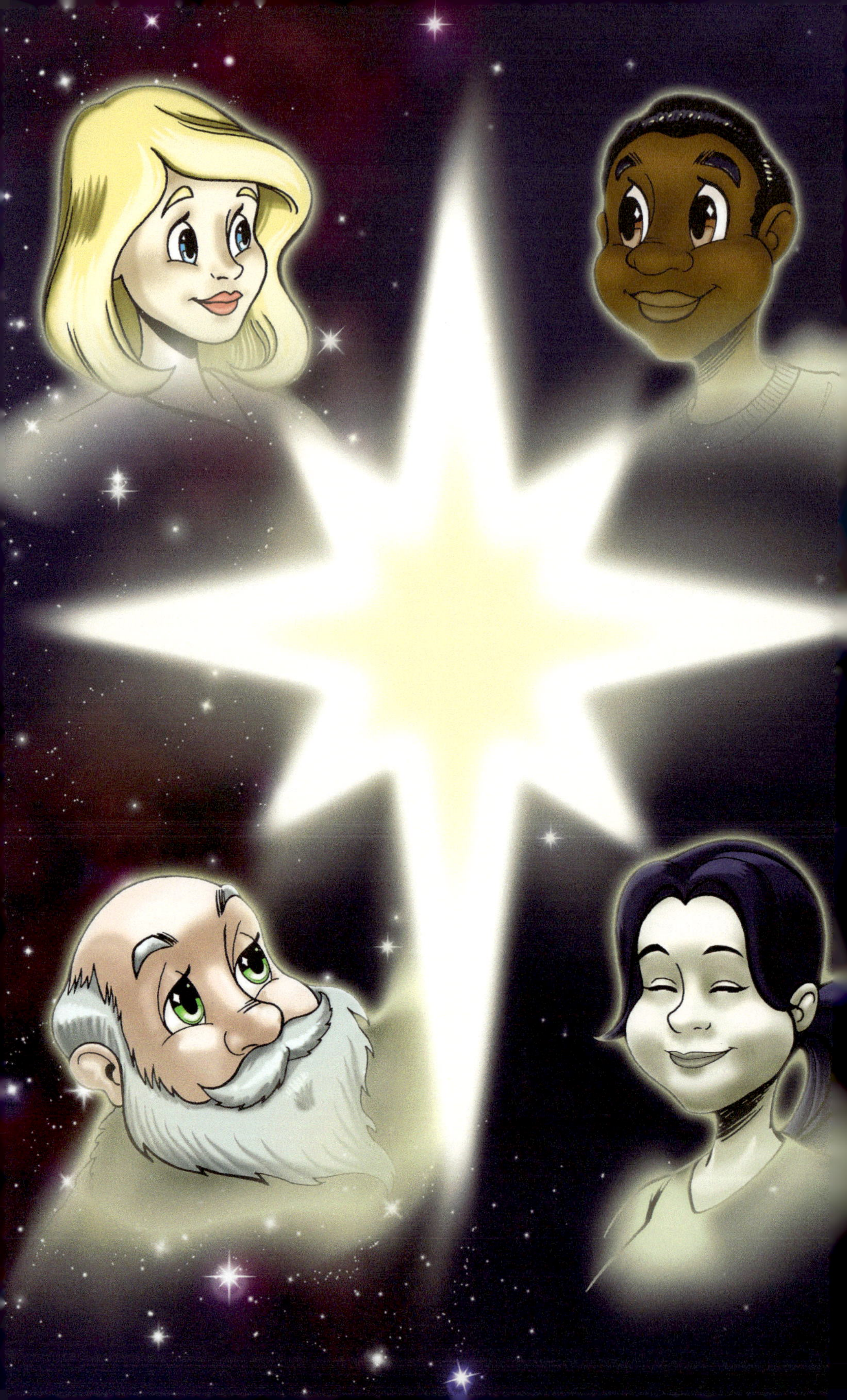

33 Viveremos sempre

Filho, não humilhes os ignorantes e os fracos.

Todos somos viajores da vida eterna.

Do berço ao túmulo atravessamos apenas um ato do imenso drama de nossa evolução para Deus.

Por vezes, o senhor veste o traje pobre do operário humilde para conhecer-lhe as duras necessidades, e o operário humilde veste o suntuoso traje do senhor para conhecer-lhe as duras obrigações na tarefa administrativa.

Quando um homem menospreza as oportunidades de tempo e dinheiro que o Céu lhe confia, volta ao mundo em outro corpo, experimentando a escassez de tudo.

Não escarneças do aleijado. Tua boca poderá cobrir-se de cicatrizes.

Não recolhas os bens que te não pertencem. Teus braços são suscetíveis de caírem paralíticos, sem que possas acariciar o que é teu provisoriamente.

Francisco Cândido Xavier/ Neio Lúcio

Não caminhes ao encontro do mal, porque o mal dispõe de recursos para surpreender-te, talvez com a perturbação e com a morte.

Ajuda e passa adiante, expandindo um coração compassivo para com todas as dores e cheio de amor e perdão para todas as ofensas.

Quando não puderes louvar, cala-te e espera, porque a língua viciada na definição dos defeitos alheios regressa ao mundo em plena mudez.

Quem chega através de um berço risonho, na maioria dos casos, é alguém que torna ao campo da carne a fim de restaurar-se e aprender.

Assim como a flor se destina ao fruto que alimenta, o teu conhecimento deve produzir a bondade que constrói e santifica.

Lembra-te de que longo é o caminho e que necessitaremos trocar de corpo, na direção da vitória final, tantas vezes quantas forem precisas, até que a indispensabilidade da vestimenta física se desvaneça com as encarnações sucessivas...

Colheremos da sementeira que fizermos.

Não desprezes, assim, os menos felizes.

Alvorada Cristã

O malfeitor e o vagabundo que se deixaram escravizar pelos demônios da preguiça são igualmente nossos irmãos. Ajudemo-los por todos os meios ao nosso alcance.

Nem sempre o verdadeiro infortunado é aquele que se debate num leito de sofrimento. Não olvides o infeliz bem trajado que cruza as avenidas da ignorância, sem paz e sem luz.

Filho meu, voltaremos ainda à Terra, provavelmente, muitas vezes...

O serviço de redenção assim o exige.

Ama a todos.

Auxilia indistintamente.

Semeia o bem, à margem de todas as estradas.

Recorreremos ao amparo de muitos. É da Lei do Senhor que não avancemos sem os braços fraternos uns dos outros.

Prepara, desde agora, a colaboração de que necessitarás, a fim de prosseguirmos, em paz, montanha acima! Sê irmão de todos, para que te sintas, desde hoje, no centro da grande família humana, e o Senhor Supremo te abençoará.

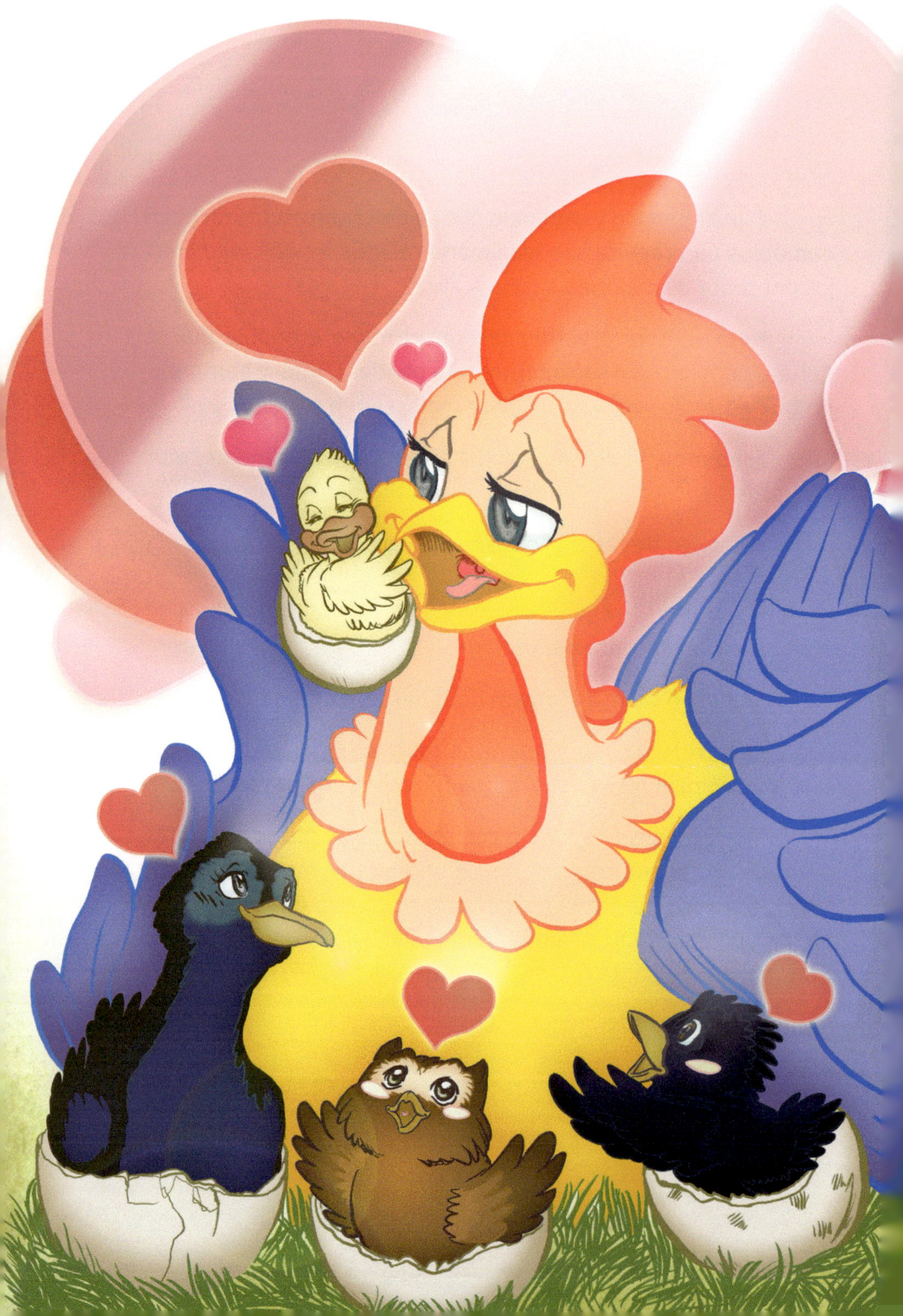

34 A galinha afetuosa

Gentil galinha, cheia de instintos maternais, encontrou um ovo de regular tamanho e espalmou as asas sobre ele, aquecendo-o carinhosamente. De quando em quando, beijava-o, enternecida. Se saía a buscar alimento, voltava apressada para que lhe não faltasse calor vitalizante. E pensava, garbosa: "Será meu pintainho! Será meu filho!".

Em formosa manhã de céu claro, notou que o filhotinho nascia robusto.

Criou-o com todos os cuidados. No entanto, em dourado crepúsculo de verão, viu-o fugir pelas águas de um lago, sobre as quais deslizava contente. Chamou-o, como louca, mas não obteve resposta. O bichinho era um pato arisco e fujão.

A galinha, desalentada por haver chocado um ovo que lhe não pertencia à família, voltou, muito triste, ao velho poleiro; todavia, decorrido algum tempo e encontrando outro ovo, repetiu a experiência.

Francisco Cândido Xavier/ Neio Lúcio

Nova criaturinha frágil veio à luz. Protegeu-a, com ternura, dedicou-se ao filho com todas as forças, mas, em breve, reparou que não era um pintainho qual fora, ela mesma, na infância. Tratava-se dum corvo esperto que a deixou em doloroso abatimento, voando a pleno céu para juntar-se aos escuros bandos de aves iguais a ele.

A desventurada mãe sofreu muitíssimo. Entretanto, embora resolvida a viver só, foi surpreendida, certo dia, por outro ovo de delicada feição. Recapitulou as esperanças maternas e chocou-o. Dentro em pouco, o filhote surgia. A galinha afagou-o feliz, mas, com o transcurso de algumas semanas, observou que o filho já crescido perseguia ratos à sombra. Durante o dia, dava mostras de perturbado e cego; no entanto, em se fazendo a treva, exibia olhos coruscantes que a amedrontavam. Em noite mais escura, fugiu para uma torre muito alta e não mais voltou. Era uma coruja nova, sedenta de aventuras.

A abnegada mãe chorou amargamente. Porém, encontrando outro ovo, buscou ampará-lo. Aninhou-se, aqueceu-o e, findos trinta dias, veio à luz corpulento filhote. A galinha ajudou-o como pôde, mas, em breve, o filho revelou crescimento descomunal. Passou a mirá-la de alto a baixo. Fez-se superior e desconheceu-a. Era um pavãozinho orgulhoso que chegou mesmo a maltratá-la.

A carinhosa ave, dessa vez, desesperou em definitivo. Saiu do galinheiro gritando e dispunha-se a cair nas águas de rio próximo, em sinal de protesto contra o destino, quando grande galinha mais velha a abordou, curiosa, a indagar dos motivos que a segregavam em tamanha dor.

A mísera respondeu, historiando o próprio caso.

A irmã experiente estampou no olhar linda expressão de complacência e considerou, cacarejando:

— Que é isso, amiga? Não desespere. A obra do mundo é de Deus, Nosso Pai. Há ovos de gansos, perus, marrecos, andorinhas e até de sapos e serpentes, tanto quanto existem nossos próprios ovos. Continue chocando e ajudando em nome do Poder Criador; entretanto, não se prenda aos resultados do serviço que pertencem a Ele e não a nós, mesmo porque a escada para o Céu é infinita, e os degraus são diferentes. Não podemos obrigar os outros a serem iguais a nós, mas é possível auxiliar a todos, de acordo com as nossas possibilidades. Entendeu?

A galinha sofredora aceitou o argumento, resignou-se e voltou mais calma ao grande parque avícola a que se filiava.

O caminho humano estende-se, repleto de dramas iguais a este. Temos filhos, irmãos e parentes diversos que de modo algum se afinam com as nossas tendências e sentimentos. Trazem consigo inibições e particularidades de outras vidas que não podemos eliminar de pronto. Estimaríamos que nos dessem compreensão e carinho, mas permanecem imantados a outras pessoas e situações, com as quais assumiram inadiáveis compromissos. De outras vezes, respiram noutros climas evolutivos.

Não nos aflijamos, porém.

A cada criatura pertence a claridade ou a sombra, a alegria ou a tristeza do degrau em que se colocou.

Amemos sem o egoísmo da posse e sem qualquer propósito de recompensa, convencidos de que Deus fará o resto.

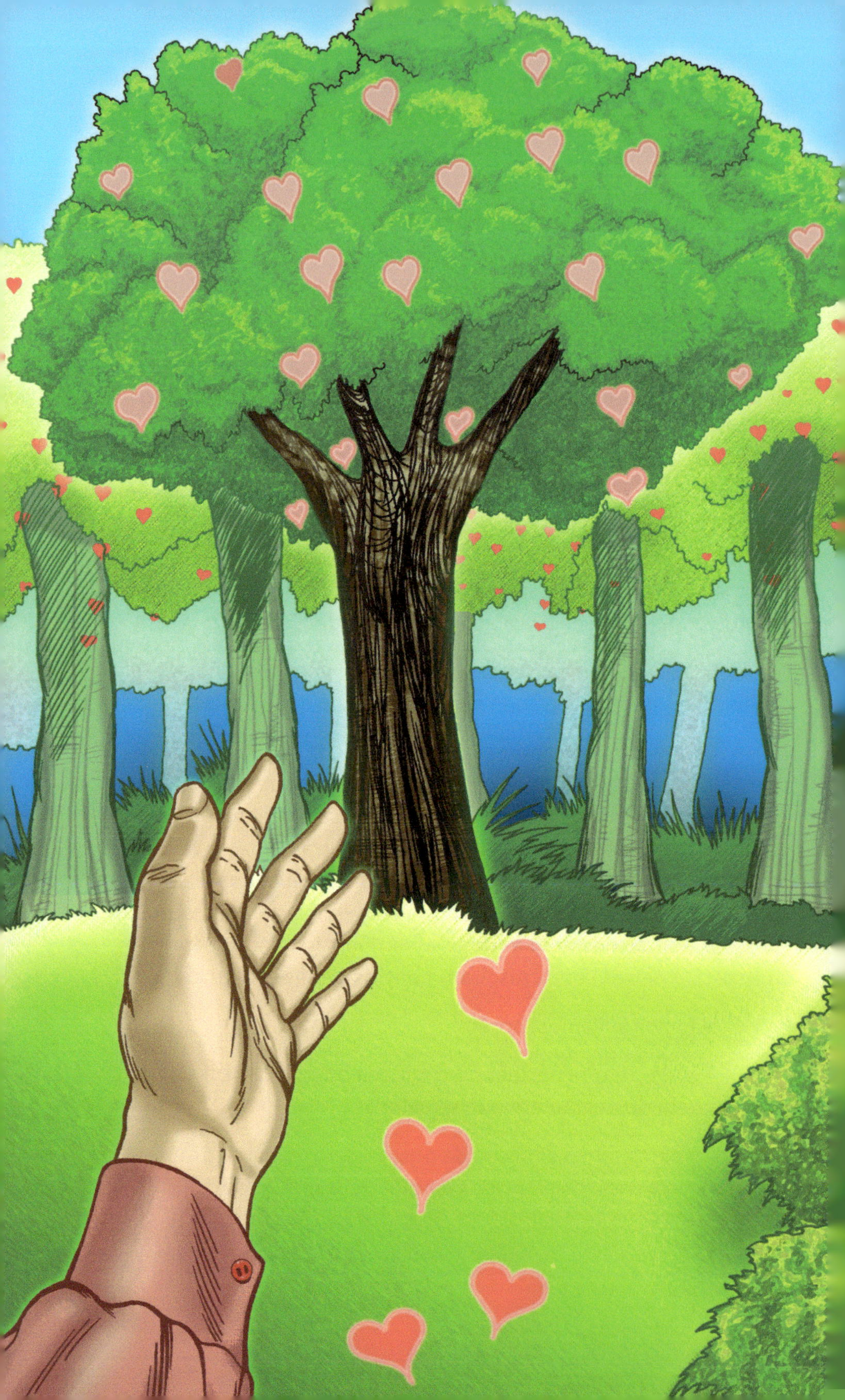

35 Na sementeira do amor

Ajuda sempre, filho meu.

Pensa no bem, exalta-lhe a grandeza e intensifica-lhe os dons na Terra.

A glória mais expressiva do perdão não reside tanto na superioridade daquele que o dispensa, mas sim na soma de benefícios gerais que virão depois dele. O mais alto valor do concurso fraterno não está contido no socorro às necessidades materiais de ordem imediata, e sim no estímulo à confiança e à fraternidade.

Somente os Espíritos em desequilíbrio extremo, fundamente cristalizados no mal, menosprezam as manifestações do bem.

Sei que é difícil julgar o destino de uma dádiva e, por vezes, teu pensamento se perde, inutilmente, em complicadas conjeturas.

"Terei dado para o bem? Terei dado para o mal?" — interrogas a ti mesmo.

Mas, se não deste quanto possuis, se apenas concedeste migalhas do tesouro que o Senhor te confiou, não poderás ajudar o próximo, tranquilamente, em nome do mesmo generoso Senhor que tudo te emprestou no mundo, a título precário?

Claro que te não rogo favorecer o crime e a desordem visíveis ao nosso olhar. Entretanto, se te posso pedir alguma coisa, em tempo algum te negues à cooperação fraterna.

Não abandones o enfermo, receando aborrecimentos, nem fujas ao irmão desditoso que caiu nas malhas da justiça, temendo dissabores.

Se tua bondade não for compreendida, aprende a esperar.

Não é mais cristão aquele que serve por amor de servir sem qualquer expectativa de remuneração?

Não te esqueças de que o Mestre foi conduzido ao madeiro da angústia por ajudar e amar sempre...

Erra, auxiliando.

Será melhor assim, porque todos estamos sob o olhar da Vigilância Divina.

O homem que ajuda por vaidade e ostentação, quase sempre, em pouco tempo, cria para si mesmo o hábito de auxiliar, atingindo sublimes virtudes. Aquele, porém, que muito fiscaliza os beneficiados e raciocina com excesso quanto ao "dar" e ao "não dar" converte-se, não raro, em calculista da piedade, a endurecer o coração por séculos numerosos.

Ouve! Estamos à frente do tempo infinito...

É imprescindível semear.

Não adubes o vício e o crime. Todavia, não olvides que é necessário plantar muito amor para que o amor nos favoreça.

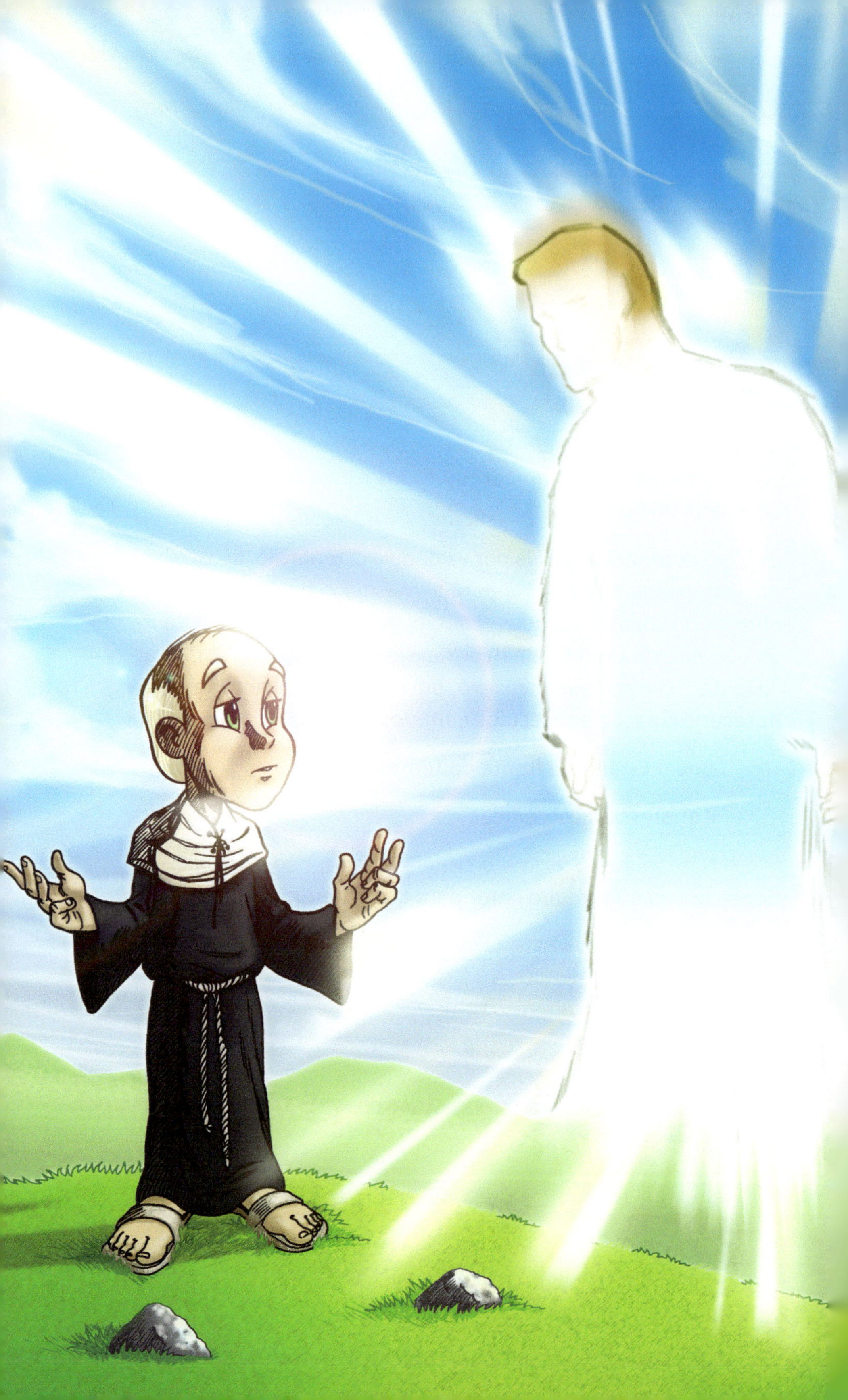

36 O maior pecado

Um sacerdote sábio, desejando ensinar o caminho do Céu aos crentes que confiavam nele, rogou a Jesus, depois de longas meditações e sacrifícios, lhe fosse revelado qual o maior impedimento contra a iluminação espiritual.

Com efeito, de mente limpa, dormiu e sonhou que era conduzido à porta celestial.

Nimbado de esplendor, um anjo recebeu-o benevolente.

— Mensageiro de Deus — clamou o sacerdote —, venho rogar a verdade para as ovelhas humanas que me seguem...

— Que pretendes saber? — indagou a entidade angélica.

— Peço esclarecimento sobre o maior obstáculo para a alma, na marcha para Deus. Sei que temos sete pecados mortais que aniquilam em nós a graça divina, na ascensão para o Alto. Sob a influência de semelhantes monstros, rola o Espírito no despenhadeiro infernal. Entretanto, desejaria explicações mais claras quanto ao problema do mal, porque nossas faltas variam ao infinito.

O anjo sorriu e considerou:

— A solução é simples. Quais são os pecados a que te referes?

O ministro da fé movimentou os dedos e respondeu:

— Soberba, avareza, luxúria, ira, gula, inveja e preguiça. Deles nascem as demais imperfeições.

O mensageiro, contudo, acrescentou:

— No fundo, porém, podemos reduzi-los à unidade. Todos os pecados, inclusive os mortais, procedem de uma fonte única.

O sacerdote curioso suplicou:

— Oh! Anjo amigo, aclara-me o entendimento! Há muitos aprendizes, na Terra, aguardando-me a palavra!...

O emissário da Esfera Superior, sem qualquer presunção de superioridade, passou a elucidar:

— Escuta e atende!

"Se o soberbo trabalhasse para o bem de todos, não encontraria ensejo de cultivar o orgulho e a vaidade que o levam a acreditar-se ponto central do Universo.

"Se o avarento conhecesse a vantagem do suor, na felicidade dos semelhantes, não se entregaria à volúpia da posse que o obriga a acumular dinheiro inutilmente.

"Se o homem inclinado à tentação dos prazeres fáceis aprendesse a despender as próprias forças em favor da elevação coletiva, não disporia de ocasião para prender-se às paixões aniquiladoras que o arrastam ao crime.

"Se as pessoas facilmente irascíveis estivessem dispostas a servir de acordo com os desígnios divinos, não envenenariam a própria saúde com remorsos e angústias injustificáveis.

"Se o guloso vivesse atento à tarefa construtiva que lhe cabe no mundo, não se escravizaria aos apetites devastadores que lhe arruínam o corpo e a alma.

"E se o invejoso utilizasse a existência no trabalho digno, não gastaria tempo acompanhando maliciosamente as iniciativas do próximo, complicando o próprio destino...

"Como vê, o maior dos pecados, a causa primordial de todos os males, é a preguiça.

"Dá trabalho edificante às tuas ovelhas e convence-te de que, na posse do serviço, não se afastarão do caminho justo."

O sacerdote não mais teve o que perguntar.

Despertou edificado, e, do dia seguinte em diante, o povo reparou que o ministro modificara as pregações.

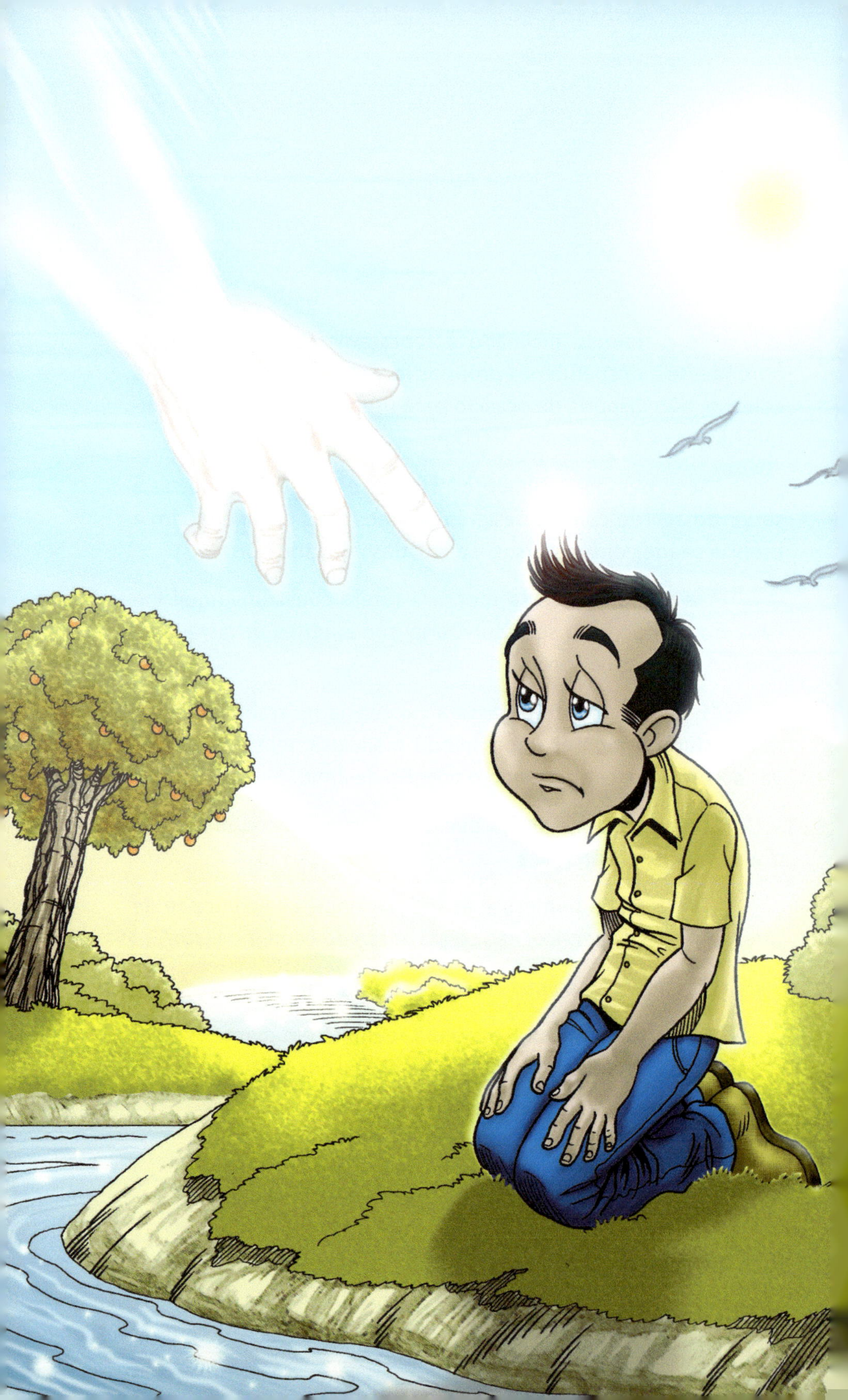

37 Apontamento

Manifestaste indisfarçável aborrecimento ante as observações paternas que te contrariaram os propósitos impensados.

Ontem, abusaste da alimentação; hoje, pretendias uma excursão inconveniente.

Referiu-se teu pai às necessidades do Espírito, com acentuada tristeza; todavia, longe de lhe entenderes a nobreza do gesto, buscaste, intempestivo, os braços maternos, na ânsia incontida de aprovação aos teus caprichos juvenis.

Foste, porém, injusto.

O jovem que recusa a orientação acertada dos mais velhos que lhe desejam o bem procede qual lavrador leviano que reprova a boa semente.

Estimas as longas incursões no pomar quando as laranjeiras se cobrem de frutos e quando a parreira deita uvas doces.

Francisco Cândido Xavier/ Neio Lúcio

Acreditas, no entanto, que as árvores excelentes teriam crescido sem cuidado? Admites que a vinha não necessitou de amparo em pequena?

Todas as plantas, mormente as mais tenras, sofrem insistentes perseguições de detritos e vermes. Sem carinhosas mãos que as protejam, ser-lhes-ia impraticável o desenvolvimento e a frutificação; muitos dias de vigilância requerem do pomicultor antes de nos atenderem na chácara.

Ignoras que o mesmo acontece no campo do coração?

As más experiências de uma criança acompanham-na a vida inteira.

Diz antigo provérbio: "Com o tempo, a folha da amoreira converte-se em veludoso cetim"; mas não podemos esquecer

que, também com o tempo, as águas desamparadas e esqueci-
das se transformam em pântano.

Não te revoltes contra a sementeira de reflexão e bondade
que o carinho paterno realiza em teu espírito.

Sobretudo, não te impressiones com a fantasiosa opinião
de colegas da rua. O tempo dará corpo aos princípios inferiores
ou superiores que abraçares e, enquanto o companheiro estra-
nho ao teu lar pode ser o amigo de alguns dias, o papai ser-te-á
o amigo e benfeitor de muitos anos.

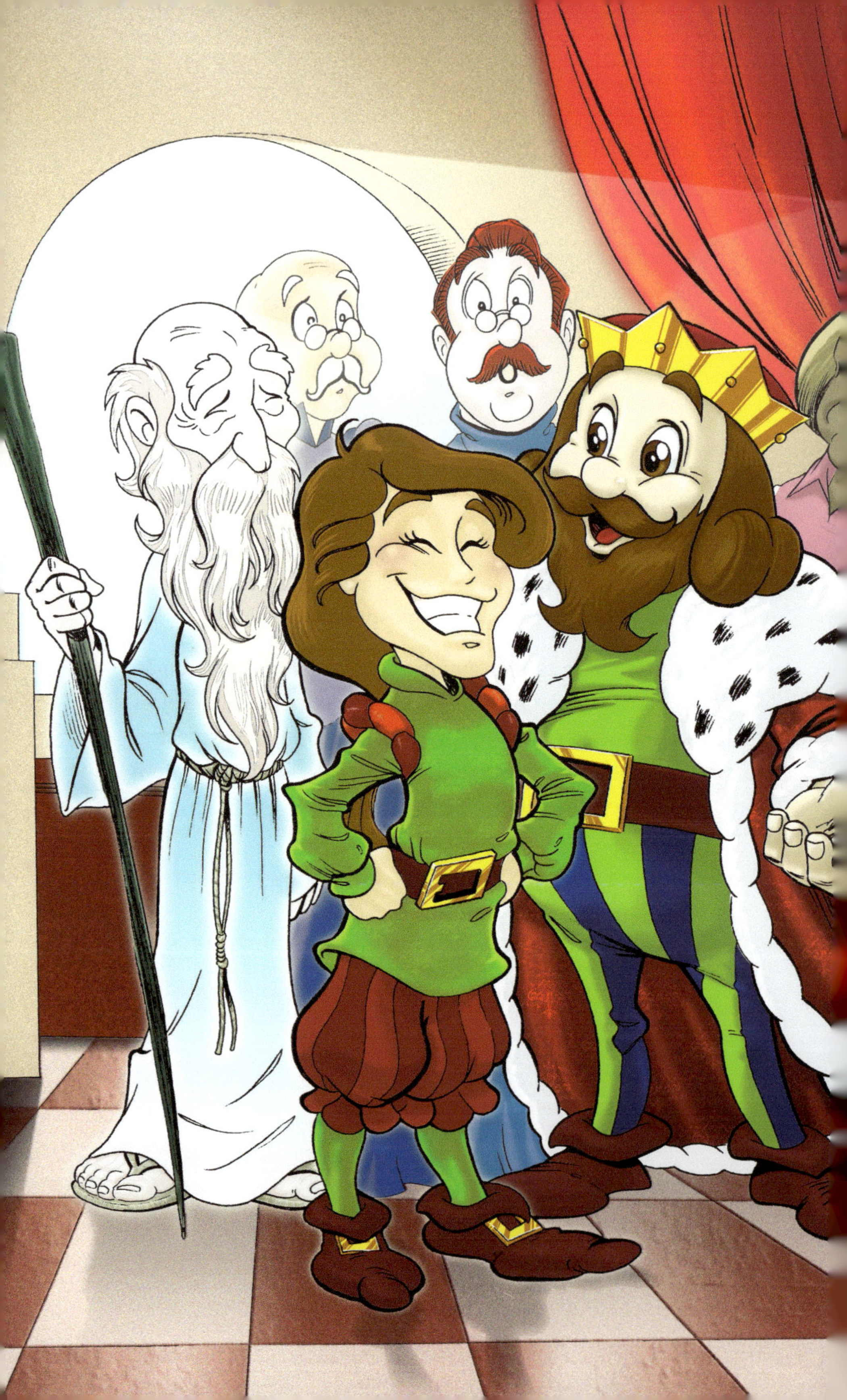

38 O remédio imprevisto

O pequeno príncipe Julião andava doente e abatido.

Não brincava, não estudava, não comia. Perdera o gosto de colher os pêssegos saborosos do pomar. Esquecera a peteca e o cavalo.

Vivia tristonho e calado no quarto, esparramado numa espreguiçadeira.

Enquanto a mãezinha aflita se desvelava junto dele, o rei experimentava muitos médicos.

Os facultativos, porém, chegavam e saíam, sem resultados satisfatórios.

O menino sentia grande mal-estar. Quando se lhe aliviava a dor de cabeça, vinha-lhe a dor nos braços. Quando os braços melhoravam, as pernas se punham a doer.

O soberano preocupado fez convite público aos cientistas do país. Recompensaria nababescamente a quem lhe curasse o filho.

Depois de muitos médicos famosos ensaiarem embalde, apareceu um velhinho humilde que propôs ao monarca diferente medicação. Não exigia pagamento. Reclamava tão somente plena autoridade sobre o doentinho. Julião deveria fazer o que lhe fosse determinado.

O pai aceitou as condições e, no dia imediato, o menino foi entregue ao ancião.

O sábio anônimo conduziu-o a pequeno trato de terra e recomendou-lhe arrancasse a erva daninha que ameaçava um tomateiro.

— Não posso! Estou doente! — gritou o menino.

O velhinho, contudo, convenceu-o, sem impaciência, de que o esforço era viável e, em minutos breves, ambos libertavam as plantas da erva invasora.

Veio o Sol, passou o vento; as nuvens, no alto, rondavam a terra, como a reparar onde estava o campo mais necessitado de chuva...

Um pouco antes do meio-dia, Julião disse ao velho que sentia fome. O sábio humilde sorriu contente, enxergou-lhe o suor copioso e levou-o a almoçar.

O jovem devorou a sopa e as frutas gostosamente.

Após ligeiro descanso, voltaram a trabalhar.

Alvorada Cristã

No dia seguinte, o ancião levou o príncipe a servir na construção de pequena parede.

Julião aprendeu a manejar os instrumentos menores de um pedreiro e alimentou-se ainda melhor.

Finda a primeira semana, o orientador traçou-lhe novo programa. Levantava-se de manhã para o banho frio, obrigava-se a cavar a terra com uma enxada, almoçava e repousava. Logo após, antes do entardecer, tomava livros e cadernos para estudar e, à noitinha, terminada a última refeição, brincava e passeava em companhia de outros jovens da mesma idade.

Transcorridos dois meses, Julião era restituído à autoridade paternal, rosado, robusto e feliz. Ardia, agora, em desejos de ser útil, ansioso por fazer algo de bom. Descobrira, enfim, que o serviço para o bem é a mais rica fonte de saúde.

O rei, muito satisfeito, tentou recompensar o velhinho.

Todavia, o ancião esquivou-se, acrescentando:

— Grande soberano, o maior salário de um homem reside na execução da vontade de Deus, por meio do trabalho digno. Ensina a glória do serviço aos teus filhos e tutelados, e o teu reino será abençoado, forte e feliz.

Dito isso, desapareceu na multidão e ninguém mais o viu.

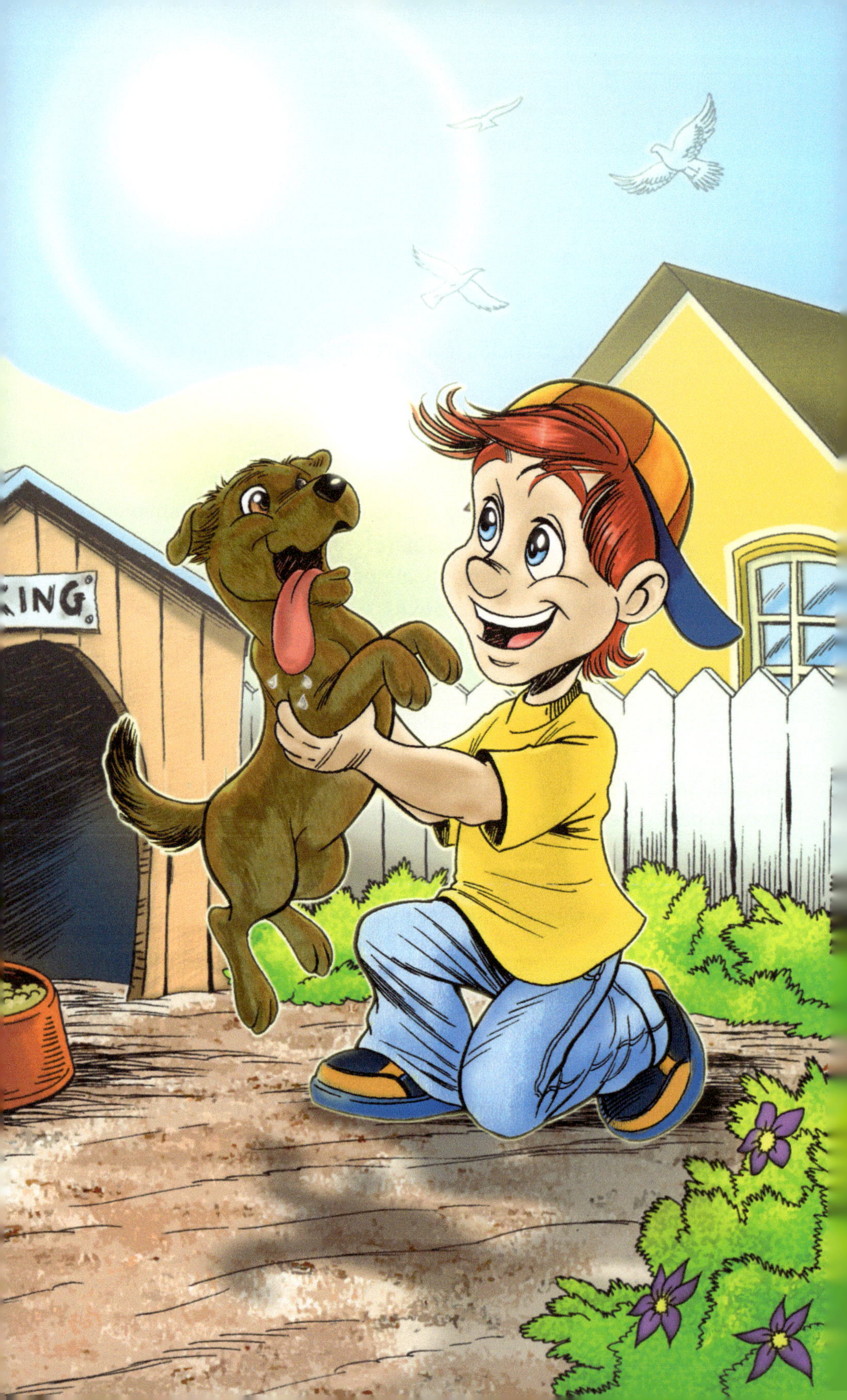

KING

39 Dos animais aos meninos

Meu pequeno amigo,

Ouça.

Não nos faça mal, nem nos suponha seus adversários.

Somos imensa classe de servidores da Natureza e criaturas igualmente de Deus.

Cuidamos da sementeira para que lhe não falte o pão, ainda que muitos de nossa família, por ignorância, ataquem os grelos tenros da verdura e das árvores, devorando germens e flores. Somos nós, porém, que, na maioria das vezes, garantimos o adubo às plantações e defendemo-las contra os companheiros daninhos.

Se você perseguir-nos, sem comiseração por nossas fraquezas, quem lhe suprirá o lar de leite e ovos?

Não temos paz em nossas furnas e ninhos, obrigados que estamos a socorrer as necessidades dos homens.

Francisco Cândido Xavier/ Neio Lúcio

Você já notou o pastor, orientando-nos cuidadosamente? Julgávamo-lo, noutro tempo, um protetor incondicional que nos salvava do perigo por amor e lambíamos-lhe as mãos reconhecidamente. Descobrimos, afinal, que sempre nos guiava, ao fim de algum tempo, até ao matadouro, entregando-nos a impiedosos carrascos. Às vezes, conseguíamos escapar por momentos, tornando até ele, suplicando ajuda, e víamos, desiludidos, que ele mesmo auxiliava o verdugo a enterrar-nos o cutelo pela garganta adentro.

A princípio, revoltamo-nos. Compreendemos, depois, que os homens exigiam nossa carne e resignamo-nos, esperando no Supremo Criador que tudo vê.

As donas de casa que comumente nos chamam, gentis, através de currais, pocilgas e galinheiros, conquistam-nos a amizade e a confiança, para, em seguida, nos decretarem a morte, arrastando-nos espantados e semivivos à água fervente.

Não nos rebelamos. Sabemos que há um Pai Bondoso e Justo, observando-nos, decerto, os padecimentos e humilhações, apreciando-nos os sacrifícios.

De qualquer modo, todavia, estamos inseguros em toda parte. Ignoramos se hoje mesmo seremos compelidos a abandonar nossos filhinhos em lágrimas ou a separar-nos dos pais queridos, a fim de atendermos à refeição de alguém.

Por que motivo, então, lembrar-se-á você de apedrejar-nos sem piedade?

Não nos maltrate, bom amigo.

Ajude-nos a produzir para o bem.

Você ainda é pequeno e, por isso mesmo, ainda não pode haver adquirido o gosto de matar. Não é justo, assim, colocarmo-nos de mãos postas, ante o seu olhar bondoso, esperando de seu coração aquele amor sublime que Jesus nos ensinou?

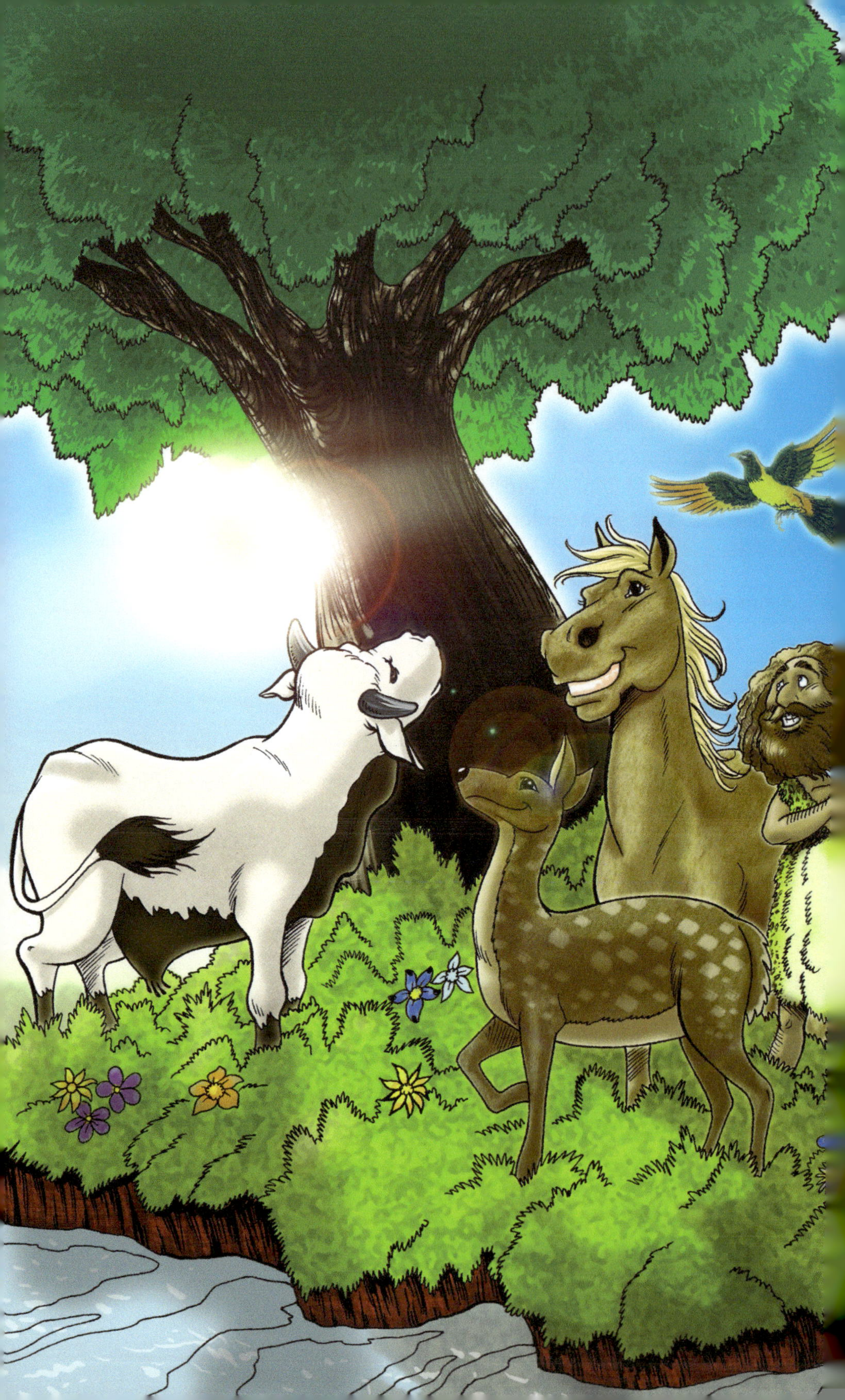

40 A lenda da árvore

No princípio do mundo, quando os vários reinos da Natureza já se achavam apaziguados e enquanto o ouro e o ferro repousavam no subsolo; o homem, os animais de grande porte, os passarinhos, as borboletas, as ervas e as águas viviam na superfície da Terra... E o Supremo Senhor, notando que os serviços planetários se desdobravam regularmente, chamou-os ao seu Trono de Luz, a fim de ouvi-los.

A importante audiência do Todo-Poderoso começou pelo Homem, que se aproximou do Altíssimo e informou:

— Meu Pai, o globo terrestre é nossa gloriosa oficina. Minha esposa, tanto quanto eu, se sente muito feliz; entretanto, experimentamos falta de alguém que nos faça companhia, em torno do lar, e nos auxilie a criar os filhinhos.

O Todo-Misericordioso mandou anotar a referência do Homem e continuou a ouvir as outras criaturas.

Veio o Boi e falou:

Francisco Cândido Xavier/ Neio Lúcio

— Senhor, estou muito bem; contudo, vagueio sem descanso durante as horas de sol. Grande é a minha fadiga e a resistência cada vez menor...

Veio o Cavalo e reclamou:

— Eu também, grande Rei, sinto aflitivo calor cada dia...

Aproximou-se a Corça e rogou:

— Poderoso, estou exposta à perseguição de toda gente. Não terei a graça de um ser amigo que me proteja e defenda?

Logo após, surgiu gracioso passarinho e suplicou:

— Celeste Monarca, recebi a bênção da vida, mas não tenho recursos para fazer meu ninho. Nas pastagens rasteiras, não posso construir a casa...

Alvorada Cristã

Adiantou-se a Borboleta e implorou:

— Meu Deus, tudo é belo no mundo; todavia, onde repousarei?

Em último lugar, chegou o Rio e disse:

— Grande Senhor, venho cumprindo os meus deveres na Terra, escrupulosamente, mas preciso de alguém que me ajude a conservar as águas...

O Supremo Soberano ficou pensativo e prometeu providenciar.

No dia imediato, toda a Terra apareceu diferente.

As árvores robustas e acolhedoras haviam surgido, representando a sublime resposta de Deus.

DICIONÁRIO

41 O exército poderoso

O exército poderoso, à nossa disposição, está constituído, na atualidade, por 23 soldadinhos do progresso.

Separam-se, movimentam-se, entrelaçam-se e dominam o grande país das ideias.

Sem eles, cresceríamos para a sombra, quando não para a brutalidade.

Em companhia desses auxiliares pequeninos, penetramos os santuários da Ciência e da Arte, aperfeiçoando a vida.

Quem não os conhece?

Estão nos documentos mais importantes.

Fazem as mensagens telegráficas e as receitas dos médicos.

Dão notícias de outras regiões e de outros climas.

Contam as surpresas do Céu, explicam alguma coisa das estrelas longínquas.

Fornecem avisos preciosos.

São emissários do carinho entre os filhos e as mães distantes.

Raros recordam os benefícios imensos que todos devemos a esses ajudantes minúsculos. No entanto, eles nos servem sem recompensa. Nada reclamam pelo trabalho que nos prestam. Alimentam as raízes dos valiosos conhecimentos dos administradores, dos juízes, dos médicos, dos artistas, sem qualquer remuneração.

Instrumentos das luzes espirituais que se transmitem, de cérebro a cérebro, enriquecem a vida; porém, assim como quase nunca nos lembramos de louvar a água, o vento e a planta, que representam gloriosas dádivas do Altíssimo, muito raramente lhes observamos os serviços. Jamais se cansam.

Vivem no pensamento, de onde se expandem, amparando-nos os interesses e as realizações.

Os maus se utilizam deles para fazer a guerra; os bons empregam-nos na edificação da paz e do conforto, para a redenção e felicidade do mundo.

Esses soldadinhos humildes e prestimosos são as letras do alfabeto. Sem a cooperação deles, o mundo não seria tão belo, e a vida não seria tão boa, porque o acesso ao reino espiritual se tornaria extremamente difícil.

Aprender a trabalhar com esses pequenos auxiliares da inteligência é buscar tesouros imperecíveis.

O castelo da cultura humana começa sobre a colaboração deles e vai até a pátria divina, onde mora a sabedoria dos anjos.

Conhecimento

42 O amigo sublime

É sempre o amigo sublime.

Educa sem ferir-nos.

Diverte, edificando-nos o caráter.

Revela-nos o passado e prepara-nos diante do porvir.

Repete-nos o que Sócrates ensinou nas praças de Atenas.

Descobre-nos ao olhar maravilhado as civilizações que passaram. O Egito resplandecente dos faraós, a Grécia dos filósofos e artistas, a Jerusalém dos hebreus desfilam ante a nossa imaginação, ao seu toque espiritual.

Conta-nos o que realizou Moisés, o grande legislador.

Lembra-nos a palavra de Platão e Aristóteles.

Junto dele, aprendemos quanto sofreram nossos antepassados, na conquista do bem-estar de que gozamos presentemente.

Francisco Cândido Xavier/ Neio Lúcio

Descreve-nos a inutilidade das guerras nascidas do ódio que devastaram o mundo. Aconselha-nos quanto à sementeira de tranquilidade e alegria. Ajuda-nos no entendimento de nós mesmos e na compreensão de nossos vizinhos. Dá-nos coragem, para o trabalho, e humildade no caminho da experiência.

Sem ele, perderíamos as mais belas notícias de nossos avós, e a obra da vida não alcançaria a necessária significação; passaríamos na Terra, em pleno desconhecimento uns dos outros, e a lição preciosa dos homens mais velhos não chegaria aos ouvidos dos mais novos; a Religião e a Ciência provavelmente não surgiriam à luz da realidade; os mais elevados ideais do espírito humano morreriam sem eco; a indústria, o comércio e a navegação não possuiriam pontos de apoio.

Alvorada Cristã

É o traço de união entre os que ensinam e aprendem, entre os milênios que já se foram e o dia que vivemos agora.

É, ainda, a esse amigo abençoado que devemos a coleção de notícias e ensinamentos de Jesus, que renovam a Terra para o Reino Divino.

Esse inesquecível benfeitor do mundo é o livro edificante. Por isso, não nos esqueçamos de que todo livro consagrado ao bem é um companheiro iluminado de nossa vida, merecendo a estima e o respeito universal.

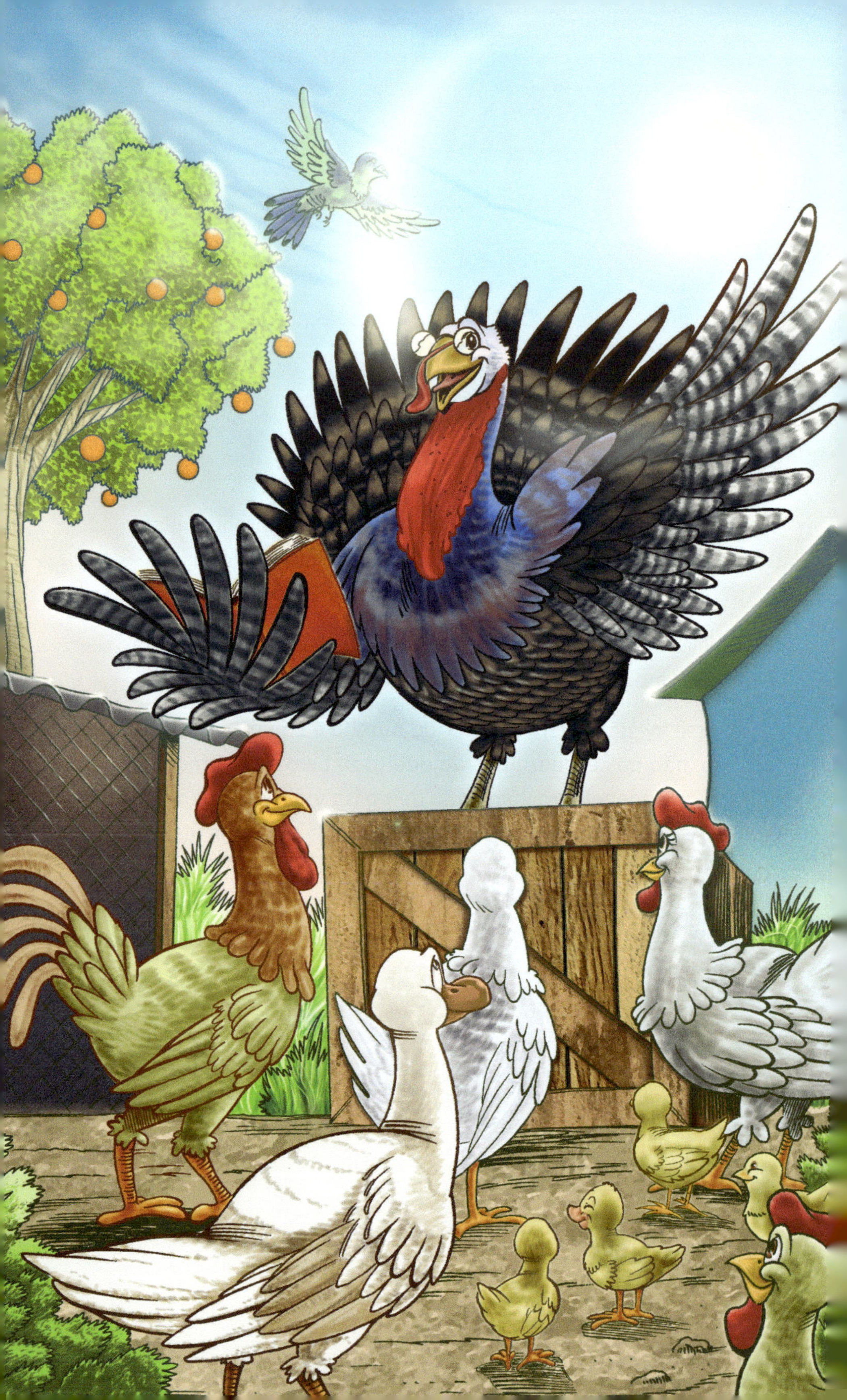

43 O peru pregador

Um belo peru, após conviver largo tempo na intimidade duma família que dispunha de vastos conhecimentos evangélicos, aprendeu a transmitir os ensinamentos de Jesus, esperando-lhe também as divinas promessas. Tão versado ficou nas letras sagradas que passou a propagá-las entre as outras aves.

De quando em quando, era visto a falar em sua estranha linguagem "glá-glé-gli-gló-glu". Não era, naturalmente, compreendido pelos homens. Mas os outros perus, as galinhas, os gansos e os marrecos, bem como os patos, entendiam-no perfeitamente.

Começava o comentário das lições do Evangelho e o terreiro enchia-se logo. Até os pintainhos se aquietavam sob as asas maternas, a fim de ouvi-lo.

O peru, muito confiante, assegurava que Jesus Cristo era o Salvador do mundo, que viera alumiar o caminho de todos e que, por base de sua doutrina, colocara o amor das criaturas umas para com as outras, garantindo a fórmula de verdadeira felicidade na Terra. Dizia que todos os seres, para viverem tranquilos e contentes, deveriam perdoar aos inimigos, desculpar os transviados e socorrê-los.

As aves passaram a venerar o Evangelho; todavia, chegado o Natal do Mestre Divino, eis que alguns homens vieram aos lagos, galinheiros, currais e, depois de se referirem excessivamente ao amor que dedicavam a Jesus, laçaram frangos, patinhos e perus, matando-os, ali mesmo, ante o assombro geral.

Houve muitos gritos e lamentações, mas os perseguidores, alegando a festa do Cristo, distribuíram pancadas e golpes à vontade.

Até mesmo a esposa do peru pregador foi morta.

Quando o silêncio se fez no terreiro, ao cair da noite, havia em toda parte enorme tristeza e irremediável angústia no coração.

As aves aflitas rodearam o doutrinador e crivaram-no de perguntas dolorosas.

Como louvar um Senhor que aceitava tantas manifestações de sangue na festa de seu natalício? Como explicar tanta maldade por parte dos homens que se declaravam cristãos e operavam tanta matança? Não cantavam eles hinos de homenagem ao

Cristo? Não se afirmavam discípulos dele? Precisavam, então, de tanta morte e tanta lágrima para reverenciarem o Senhor?

O pastor alado, muito contrafeito, prometeu responder no dia seguinte. Achava-se igualmente cansado e oprimido. Na manhã imediata, ante o Sol rutilante do Natal, esclareceu aos companheiros que a ordem de matar não vinha de Jesus, que preferira a morte no madeiro a ter de justiçar; que deviam todos eles continuar, por isso mesmo, amando o Senhor e servindo-o, acrescentando que lhes cabia perdoar setenta vezes sete. Explicou, por fim, que os homens degoladores estavam anunciados no versículo quinze do capítulo sete, do apóstolo Mateus, que esclarece: *"Acautelai-vos, porém, dos falsos profetas, que vêm até vós vestidos como ovelhas, mas interiormente são lobos devoradores"*. Em seguida, o peru recitou o capítulo cinco do mesmo evangelista, comentando as bem-aventuranças prometidas pelo divino Amigo aos que choram e padecem no mundo.

Verificou-se, então, imenso reconforto na comunidade atormentada e aflita, porque as aves se recordaram de que o próprio Senhor, para alcançar a Ressurreição gloriosa, aceitara a morte de sacrifício igual à delas.

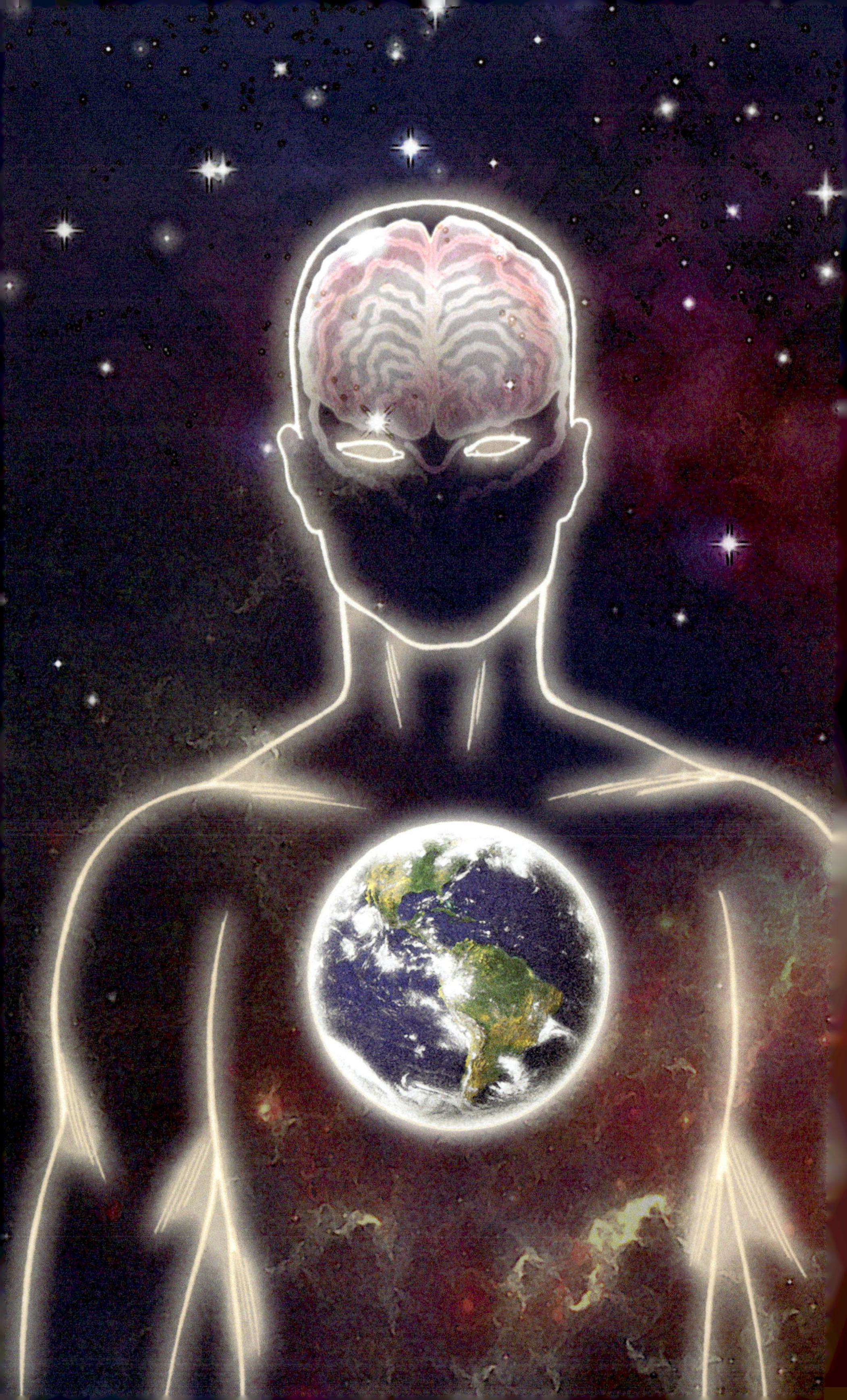

44 Somos chamados a servir

O legislador, com a pena, traça decretos para reger o povo.

O escritor utiliza o mesmo instrumento e escreve livros que renovam o pensamento do mundo.

Mas não é só a pena que, manejada pelo homem, consegue expressar a sabedoria, a arte e a beleza dentro da vida.

Uma vassoura simples faz a alegria da limpeza e, sem limpeza, o administrador ou o poeta não conseguem trabalhar.

O arado arroteia o solo e traça linhas das quais transbordarão o milho, o arroz, a batata e o trigo, enchendo os celeiros.

A enxada grava sulcos abençoados no chão, a fim de que a sementeira progrida.

A plaina corrige a madeira bruta, cooperando na construção do lar.

Francisco Cândido Xavier/ Neio Lúcio

A janela é um poema silencioso a comunicar-nos com a Natureza externa; o leito é um santuário horizontal, convidando ao descanso.

O malho toma o ferro e transforma-o em utilidades preciosas.

O prato recolhe o alimento e nos sugere a caridade.

O moinho recebe os grãos e converte-os no milagre da farinha.

O barro desprezível, nas mãos operosas do oleiro, em breve surge metamorfoseado em vaso precioso.

Todos os instrumentos de trabalho no mundo, tanto quanto a pena, concretizam os ideais superiores, as aspirações de serviço e os impulsos nobres da alma.

Ninguém suponha que, perante Deus, os grandes homens sejam somente aqueles que usam a autoridade intelectual manifestada. Quando os políticos orientam e governam, é o tecelão quem lhes agasalha o corpo. Se os juízes se congregam nas mesas de paz e justiça, são os lavradores quem lhes ofertam recurso ao jantar.

Louvemos, pois, a divina Inteligência que dirige os serviços do mundo!

Se cada árvore produz, segundo a sua especialidade em benefício da prosperidade comum, lembremo-nos de que somos todos chamados a servir na obra do Senhor, de maneira diferente.

Cada trabalhador em seu campo seja honrado pela cota de bem que produza, e cada servo permaneça convencido de que a maior homenagem suscetível de ser prestada por nós ao Senhor é a correta execução do nosso dever, onde estivermos.

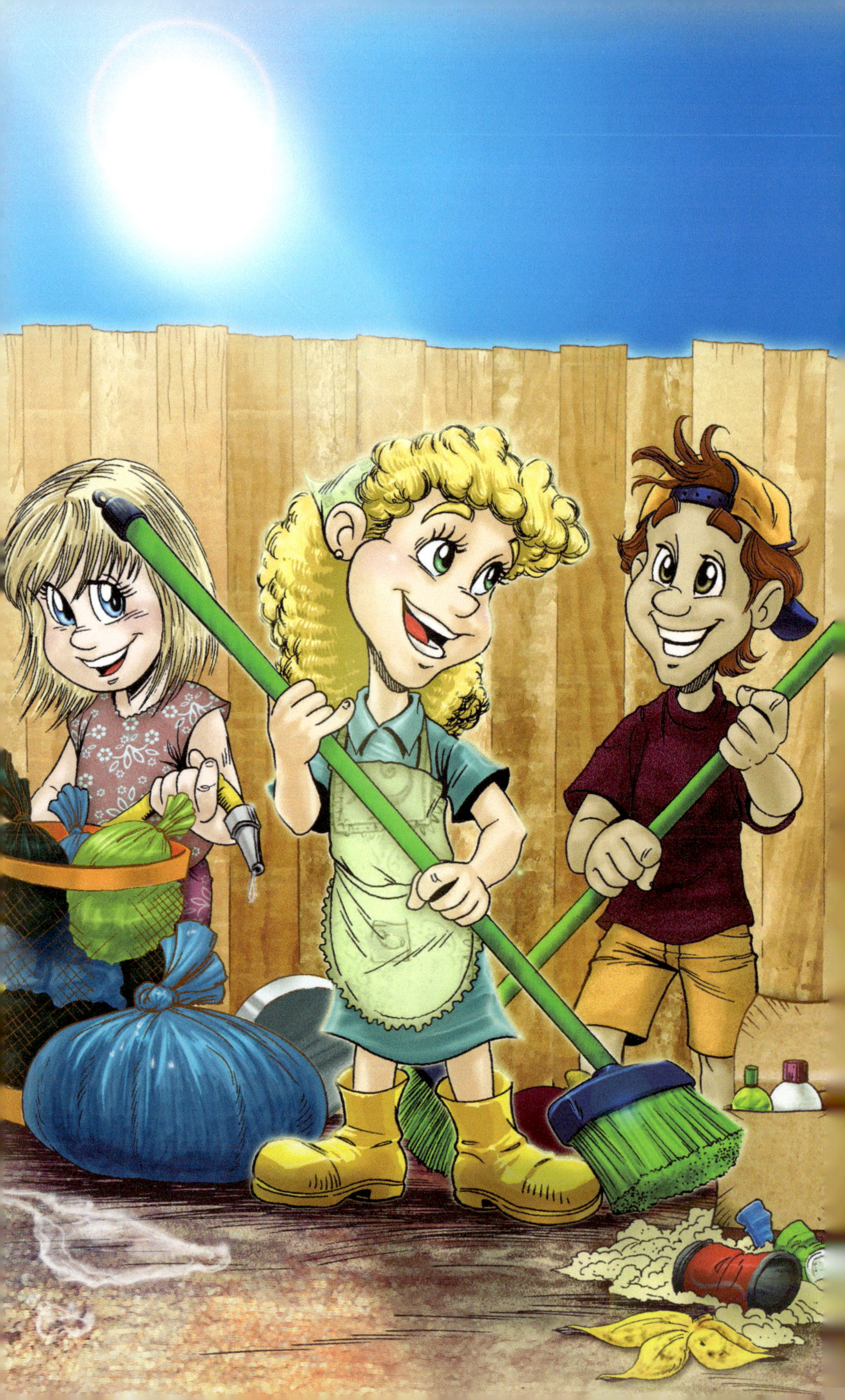

45 O anjo da limpeza

Adélia ouvira falar em Jesus e tomara-se de tamanha paixão pelo Céu que nutria um desejo único — ser anjo para servir ao Divino Mestre.

Para isso, a boa menina fez-se humilde e crente e, quando se não achava na escola em contato com os livros, mantinha-se na câmara de dormir em preces fervorosas.

Cercava-se de lindas gravuras, em que os artistas do pincel lembram a passagem do Cristo entre os homens, e, em lágrimas, repetia: "Senhor, quero ser tua! Quero servir-te!... ".

A mãezinha, em franca luta doméstica, embalde convidava-a aos serviços da casa.

Adélia sorria, abraçava-se a ela e reafirmava o propósito de preparar-se para a companhia do Divino Amigo.

A bondosa senhora, observando que o ideal da filha só merecia louvores, deixava-a em paz com os estudos e orações de cada dia.

Meses correram sobre meses e a jovem prosseguia inalterável.

Orando sempre, suplicava ao Senhor a transformasse num anjo.

Decorridos dois anos de rogativas, sonhou, certa noite, que era visitada pelo Mestre Amoroso.

Jesus envolvia-se em vasta auréola de claridade sublime. A túnica luminosa, a cair-lhe dos ombros com graça e beleza, parecia de neve coroada de sol.

Estendendo-lhe a destra compassiva, o Cristo observou-lhe:

— Adélia, ouvi tuas súplicas e venho ao teu encontro. Desejas realmente servir-me?

— Sim, Senhor! — respondeu a pequena, inflamada de comoção jubilosa, convencida de que o Salvador a conduziria naquele mesmo instante para o Céu.

— Ouve! — tornou o Mestre docemente.

Ansiosa de pôr-se a caminho do paraíso, a jovem replicou reverente:

— Dize, Senhor! Estou pronta!... Leva-me contigo, sinto-me aflita para comparecer entre os que retêm a glória de servir-te no plano celestial!...

O Cristo sorriu bondoso e considerou:

— Não, Adélia. Nosso Pai não te colocou inutilmente na Terra. Temos enorme serviço neste mundo mesmo. Estimo tuas preces e teus pensamentos de amor, mas preciso de alguém que me ajude a retirar o lixo e os detritos que se amontoam não longe de tua casa. Meninos cruéis prejudicaram a rede de esgoto, a uma pequena distância do teu lar. Aí se concentra perigoso foco de moléstias, ameaçando trabalhadores desprevenidos, mães devotadas e crianças incautas. Vai, minha filha! Ajuda-me a salvá-los da morte. Estarei contigo, auxiliando-te nessa meritória tarefa.

A menina preocupada quis fazer perguntas, mas o Mestre afastou-se de leve...

Acordou sobressaltada.

Era dia.

Vestiu-se à pressa e procurou a zona indicada. Corajosa, muniu-se de desinfetantes, armou-se de enxada e vassoura, pediu a contribuição materna, e o foco infeccioso foi extinto.

A discípula obediente, todavia, não parou mais.

Diariamente, ao regressar da escola, punha-se a colaborar com a mamãe, em casa, zelando também quanto lhe era possível pela higiene das vias públicas e ensinando outras crianças a serem tão cuidadosas quanto ela mesma. Tanto trabalhou e se esforçou que, certo dia, o diretor do grupo escolar lhe conferiu o título de Anjo da Limpeza. Professoras e colegas comemoraram festivamente o acontecimento.

Chegada a noite, dormiu contente e sonhou que Jesus vinha encontrá-la de novo.

Nimbado de luz, abraçou-a com ternura e disse-lhe brandamente:

— Abençoada sejas, filha minha! Agora, que os próprios homens te reconhecem por benfeitora, agradeço-te os serviços que me prestas diariamente. Anjo da Limpeza na Terra, serás Anjo de Luz no Paraíso.

Em lágrimas de alegria intensa, Adélia despertou feliz, compreendendo, cada vez mais, que a verdadeira ventura reside em colaborar com o Senhor nos trabalhos do bem, em toda parte.

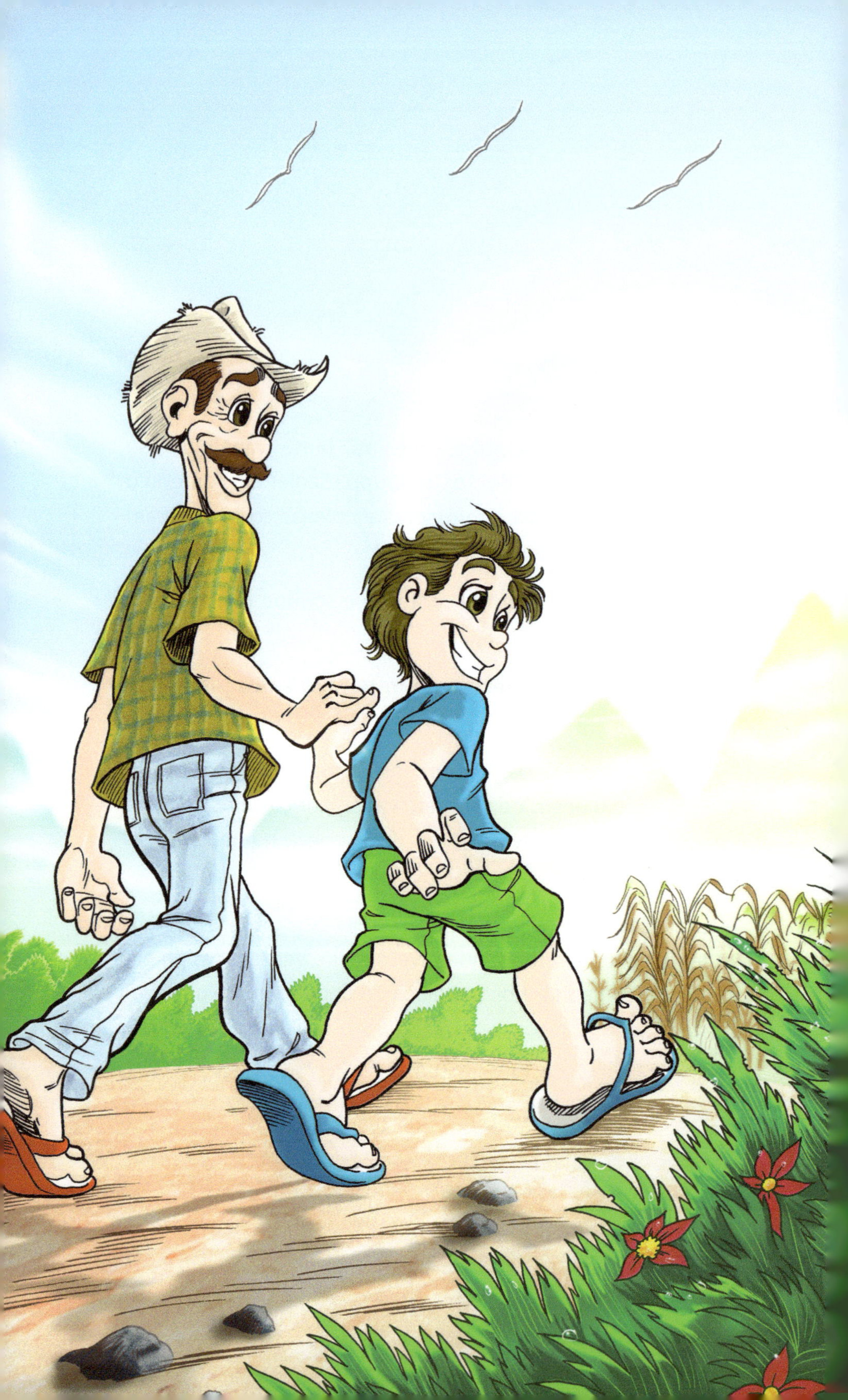

46 No passeio matinal

Dionísio, o moleiro, muito cedo partiu em companhia do filhinho, na direção de grande milharal.

A manhã se fizera linda.

Os montes próximos pareciam vestidos em gaze esvoaçante.

As folhas da erva, guardando, ainda, o orvalho noturno, assemelhavam-se a caprichoso tecido verde, enfeitado de pérolas. Flores vermelhas, aqui e ali, davam a ideia de joias espalhadas no chão.

As árvores, muito grandes, à beira da estrada, despertavam, de leve, à passagem do vento.

O Sol aparecia brilhante, revestindo a paisagem numa coroa resplandecente.

Reinaldo, o pequeno guiado pela mão paterna, seguia num deslumbramento. Não sabia o que mais admirar: se o lençol de neblina muito alva, se o horizonte inflamado de luz. Em dado momento, perguntou feliz:

— Papai, de quem é todo este mundo?

— Tudo pertence ao Criador, meu filho — esclareceu o moleiro satisfeito —; o Sol, o ar, as águas, as árvores e as flores, tudo, tudo é obra dele, nosso Pai e Senhor.

— Para que tudo isto? — continuou o petiz contente.

— A fim de recebermos esta escola divina, que é a Terra.

— Escola?

— Sim, filho — tornou o genitor paciente —, aqui devemos aprender, no trabalho, a amar-nos uns aos outros, aprimorando sentimentos, quanto devemos aperfeiçoar o solo que pisamos, transformando colinas, planícies e pedras em cidades, fazendas, estábulos, pomares, milharais e jardins.

Reinaldo não entendeu, de pronto, o que significava "aprimorar sentimentos"; contudo, sabia perfeitamente o que vinha a ser a remoção dum monte empedrado. Surpreso, voltou a indagar:

— Então, papai, somos obrigados a trabalhar tanto assim? Como será possível modificar este mundo tão grande?

O moleiro pensou alguns instantes e observou:

Alvorada Cristã

— Meu filho, já ouvi dizer que uma andorinha vagueava só quando notou que um incêndio lavrava em seu campo predileto. O fogo consumia plantas e ninhos. Em vão, gritou por socorro. Reconhecendo que ninguém lhe escutava as súplicas, pôs-se rápida para o córrego não distante, mergulhando as pequenas asas na água fria e límpida; daí, voltava para a zona incendiada, sacudindo as asas molhadas sobre as chamas devoradoras, procurando apagá-las. Repetia a operação, já por muitas vezes, quando se aproximou um gavião preguiçoso, indagando-lhe com ironia: "Você, em verdade, acredita combater um incêndio tão grande com algumas gotas d'água?" A avezinha prestativa, porém, respondeu calma: "É provável que eu não possa fazer a obra toda; entretanto, sou imensamente feliz cumprindo o meu dever".

O moleiro fez uma pausa e interrogou o filho:

— Não acredita você que podemos imitar semelhante exemplo? Se todos procedêssemos como a andorinha operosa e vigilante, em pouco tempo toda a Terra estaria transformada num paraíso.

O menino calou-se, entendendo a extensão do ensinamento e, no íntimo, contemplando a beleza do quadro matinal, desde as margens do caminho até a montanha distante, prometeu a si mesmo que procuraria cumprir no mundo todas as obrigações que lhe coubessem na obra sublime do Infinito Bem.

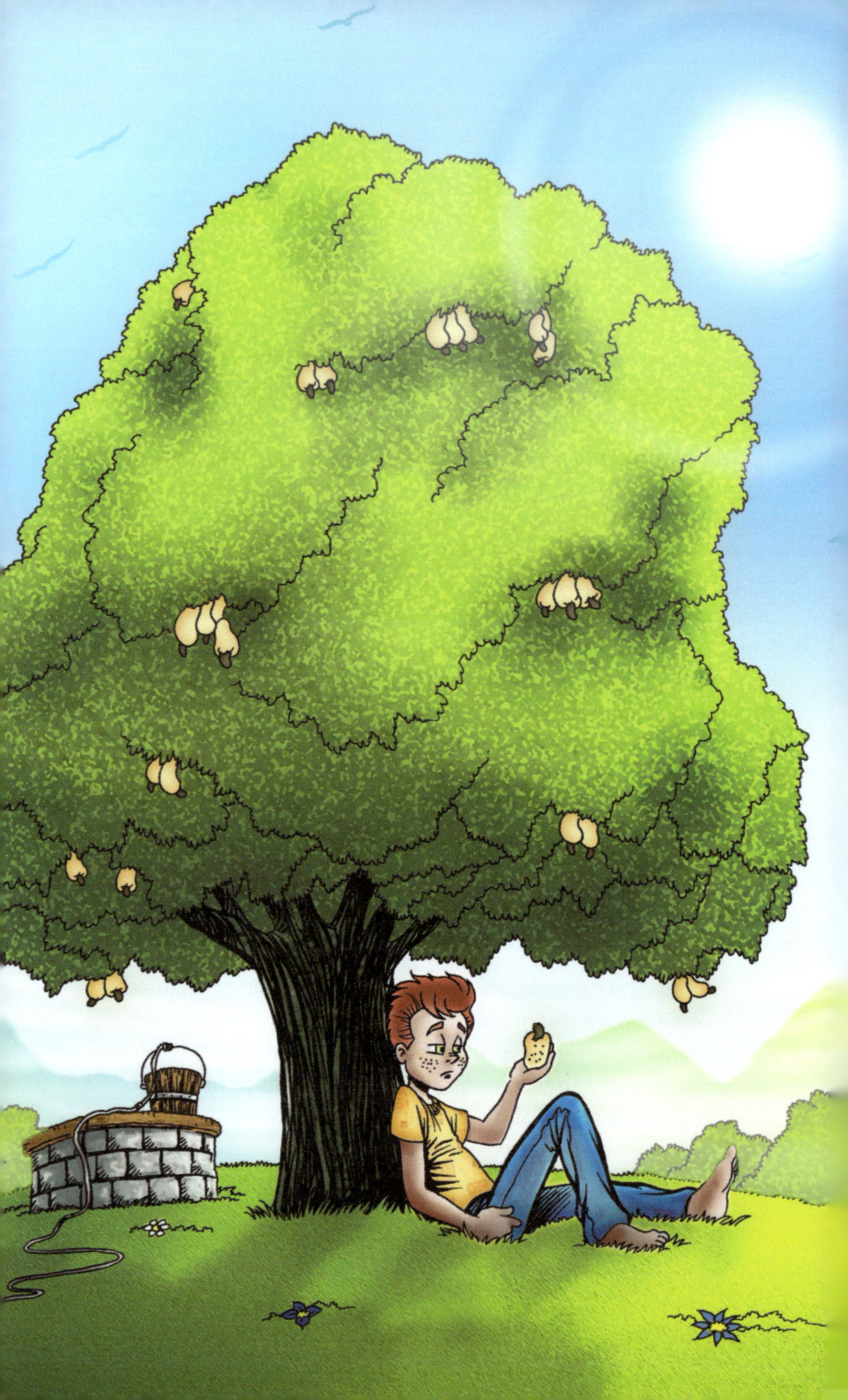

47 O ensino da sementeira

Certo fazendeiro, muito rico, chamou o filho de 15 anos e disse-lhe:

— Filho meu, todo homem apenas colherá daquilo que plante. Cuida de fazer bem a todos para que sejas feliz.

O rapaz ouviu o conselho e, no dia imediato, muito carinhosamente alojou minúsculo cajueiro em local não distante da estrada que ligava o vilarejo próximo à propriedade paternal.

Decorrida uma semana, tendo recebido das mãos paternas um presente em dinheiro, foi à vila e protegeu pequena fonte natural, construindo-lhe conveniente abrigo com a cooperação de alguns poucos trabalhadores, aos quais recompensou generosamente.

Reparando que vários mendigos por ali passavam ao relento, acumulou as dádivas que recebia dos familiares e, quando completou vinte anos, edificou reconfortante albergue para asilar viajores sem recursos.

Logo após, a vida lhe impôs amargurosas surpresas.

Sua mãezinha morreu num desastre, e o pai, em virtude das perseguições de poderosos inimigos na luta comercial, empobreceu rapidamente, falecendo em seguida. Duas irmãs mais velhas casaram-se e tomaram diferentes rumos.

O rapaz, agora sozinho, embora jamais esquecesse os conselhos paternos, revoltou-se contra as ideias nobres e partiu mundo afora.

Trabalhou, ganhou enorme fortuna e gastou-a, gozando os prazeres inúteis.

Nunca mais cogitou de semear o bem.

Os anos se desdobraram uns sobre os outros.

Entregue à idade madura, dera-se ao vício de jogar e beber.

Muita vez, o Espírito de seu pai se aproximava, rogando-lhe cuidado e arrependimento. O filho registrava-lhe os apelos em forma de pensamentos, mas negava-se a atender. Queria somente comer à vontade e beber nas casas ruidosas até à madrugada.

Acontece, porém, que o equilíbrio do corpo tem limites, e sua saúde se alterou de maneira lamentável. Apareceram-lhe feridas por todo o corpo. Não podia alimentar-se regularmente. Perdeu a fortuna que possuía, em viagens e tratamentos caros. Como não fizera afeições, foi relegado ao abandono. Branquejaram-se-lhe os cabelos. Os amigos das noitadas alegres fugiram dele; envergonhado, ausentou-se da cidade a que se acolhera e transformou-se em mendigo.

Peregrinou por muitos lugares e por muitos climas, até que, um dia, sentiu imensas saudades do antigo lar e voltou ao pequeno burgo que o vira crescer.

Fez longa excursão a pé. Transcorridos muitos dias, chegou extenuado ao sítio de outro tempo.

Alvorada Cristã

O cajueiro que plantara convertera-se em árvore dadivosa. Encantado, viu-lhe os frutos tentadores. Aproveitou-os para matar a própria fome e seguiu para a vila. Tinha sede e buscou a fonte. A corrente cristalina, bem protegida, afagou-lhe a boca ressequida.

Ninguém o reconheceu, tão abatido estava.

Em breve, desceu a noite e sentiu frio. Dois homens caridosos ofereceram-lhe os braços e conduziram-no ao velho asilo que ele mesmo construíra. Quando entrou no recinto, derramou muitas lágrimas, porque seu nome estava gravado na parede com palavras de louvor e bênção.

Deitou-se constrangido e dormiu.

Em sonho, viu o Espírito do pai, junto a ele, exclamando:

— Aprendeste a lição, meu filho? Sentiste fome e o cajueiro te alimentou; tiveste sede e a fonte te saciou; necessitavas de asilo e te acolheste ao lar que edificaste em favor dos que passam com destino incerto...

Abraçando-o com ternura, acrescentou:

— Por que deixaste de semear o bem?

O interpelado nada pôde responder. As lágrimas embargavam-lhe a voz na garganta.

Acordou, muito tempo depois, com o rosto lavado em pranto, e, quando o encarregado do abrigo lhe perguntou o que desejava, informou simplesmente:

— Preciso tão somente de uma enxada... Preciso recomeçar a ser útil, de qualquer modo.

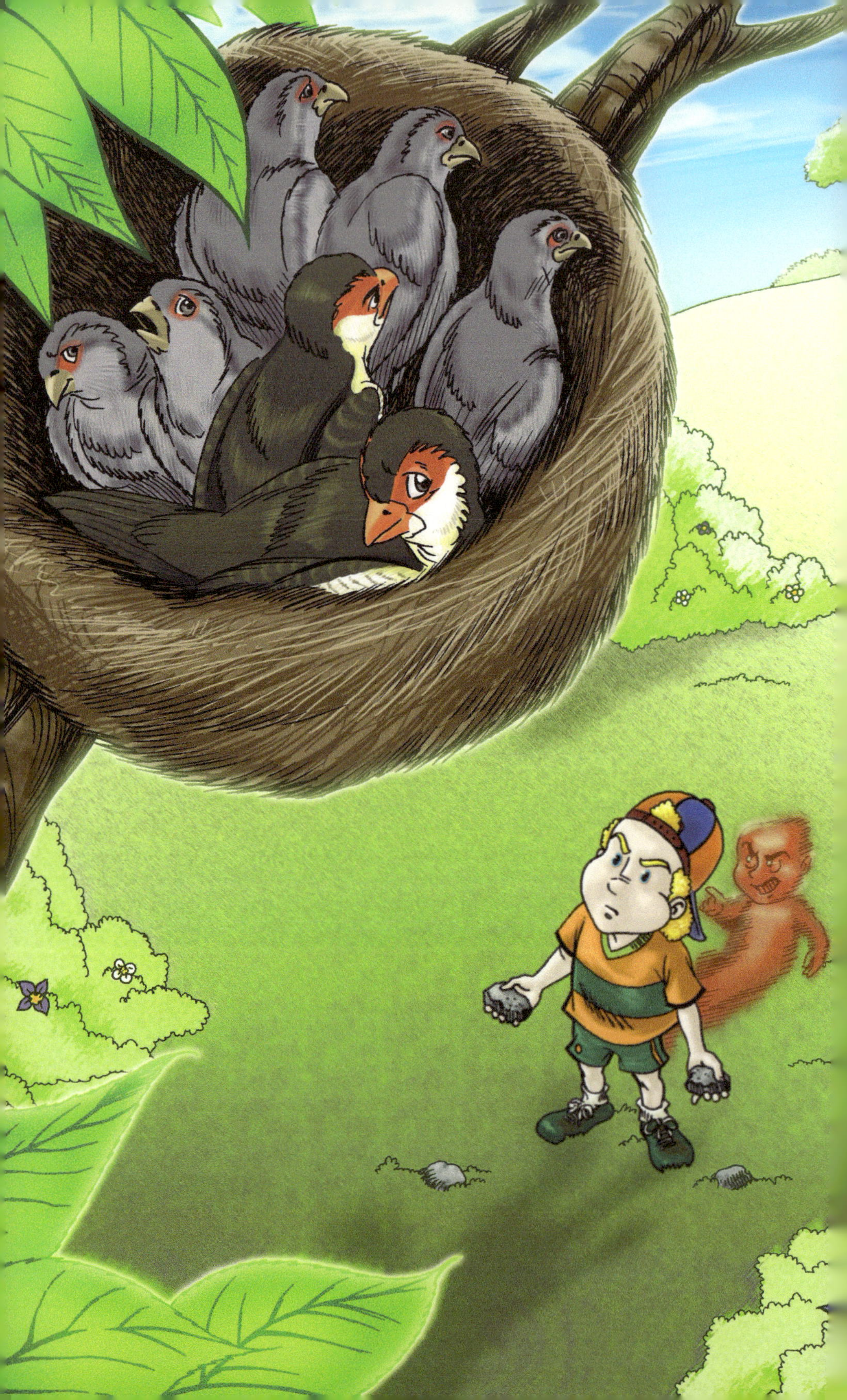

48 O espírito da maldade

O Espírito da Maldade, que promove aflições para muita gente, vendo, em determinada manhã, um ninho de pássaros felizes, projetou destruir as pobres aves.

A mãezinha alada, muito contente, acariciava os filhotinhos, enquanto o papai voava à procura de alimento.

O Espírito da Maldade notou aquela imensa alegria e exasperou-se. Mataria todos os passarinhos, pensou consigo. Para isso, no entanto, necessitava de alguém que o auxiliasse. Aquela ação exigia mãos humanas. Começou, então, a buscar a companhia das crianças. Quem sabe algum menino poderia obedecê-lo?

Foi à casa de Joãozinho, filho de dona Laura, mas Joãozinho estava muito ocupado na assistência ao irmão menor, e, como o Espírito da Maldade somente pode arruinar as pessoas insinuando-se pelo pensamento, não encontrou meios de dominar a cabeça de João. Correu à residência de Zelinha, filha de dona Carlota. Encontrou a menina trabalhando, muito atenciosa, numa

Francisco Cândido Xavier/ Neio Lúcio

blusa de tricô, sob a orientação materna, e, em vista de achar-lhe o cérebro tão cheio das ideias de agulha, fios de lã e peça por acabar, não conseguiu transmitir-lhe o propósito infeliz. Dirigiu-se, então, à chácara do senhor Vitalino, a observar se o Quincas, filho dele, estava em condições de servi-lo. Mas Quincas, justamente nessa hora, mantinha-se, obediente, sob as ordens do papai, plantando várias mudas de laranjeiras e tão alegre se encontrava, a meditar na bondade da chuva e nas laranjas do futuro, que nem de leve percebeu as ideias venenosas que o Espírito da Maldade lhe soprava na cabeça. Reconhecendo a impossibilidade de absorvê-lo, o gênio do mal lembrou-se de Marquinhos, o filho de dona Conceição. Marquinhos era muito mimado pela mãe, que não o deixava trabalhar e lhe protegia a vadiagem. Tinha 12 anos bem feitos e vivia de casa em casa a reinar na preguiça. O Espírito da Maldade procurou-o e encontrou-o à porta de um botequim, com enorme cigarro à boca. As mãos dele estavam desocupadas e a cabeça, vaga.

"Vamos matar passarinhos?" — disse o Espírito horrível aos ouvidos do preguiçoso.

Marquinhos não escutou em forma de voz, mas ouviu em forma de ideia.

Saiu, de repente, com um desejo incontrolável de encontrar avezinhas para a matança.

O Espírito da Maldade, sem que ele o percebesse, conduziu-o, facilmente, até à árvore em que o ninho feliz recebia as carícias do vento. O menino, a pedradas criminosas, aniquilou pai, mãe e filhotinhos. O gênio sombrio tomara-lhe as mãos e, após o assassínio das aves, levou-o a cometer muitas faltas que lhe prejudicaram a vida por muitos e muitos anos.

Somente mais tarde é que Marquinhos compreendeu que o Espírito da Maldade somente pode agir, no mundo, por intermédio de meninos vadios ou de homens e mulheres votados à preguiça e ao mal.

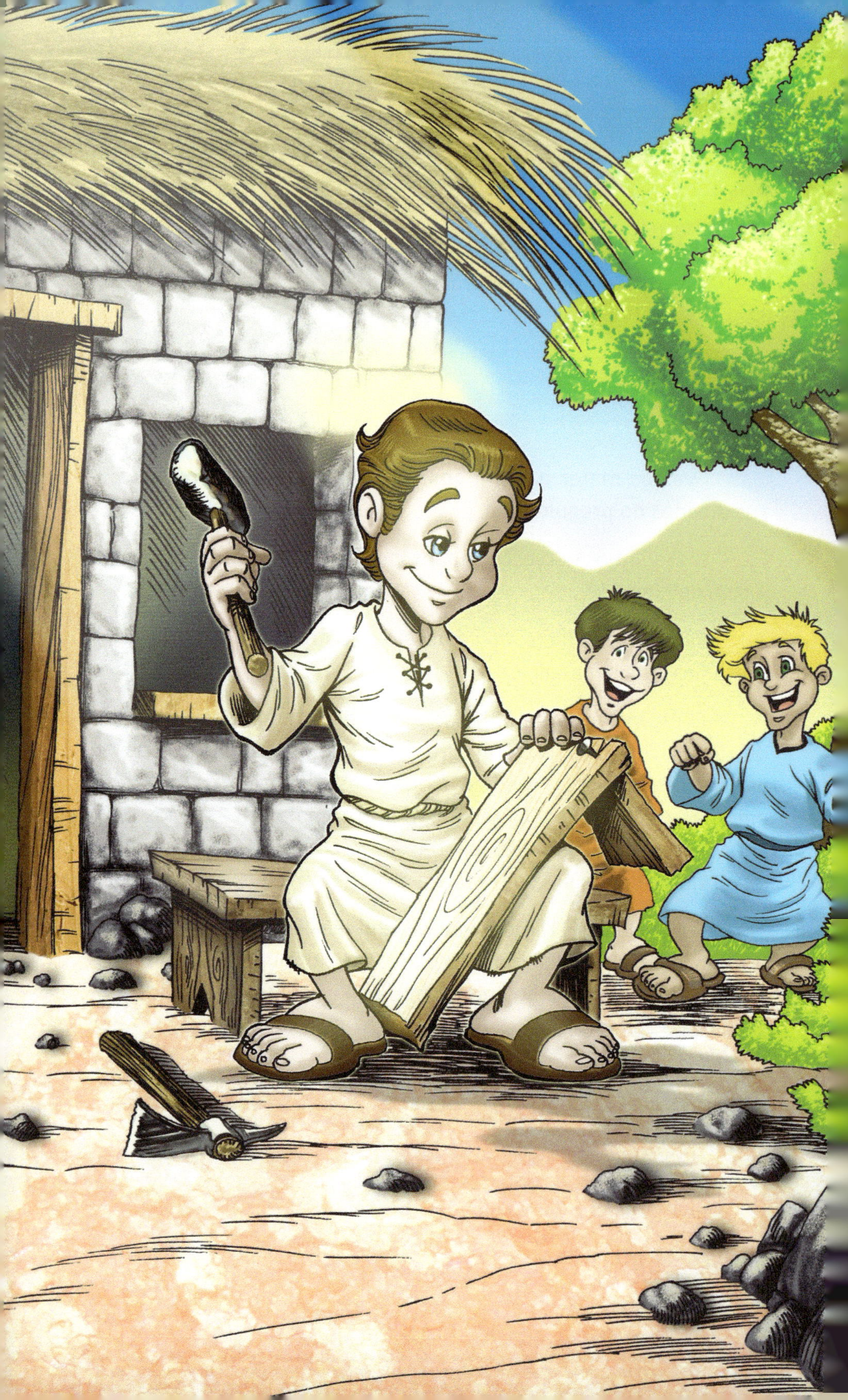

49 O Divino Servidor

Quando Jesus nasceu, uma estrela mais brilhante que as outras luzia, a pleno céu, indicando a manjedoura.

A princípio, pouca gente lhe conhecia a missão sublime.

Em verdade, porém, assumindo a forma duma criança, vinha Ele, da parte de Deus, nosso Pai Celestial, a fim de santificar os homens e iluminar os caminhos do mundo.

O Supremo Senhor que no-lo enviou é o dono de todas as coisas. Milhões de mundos estão governados por suas mãos. Seu poder tudo abrange, desde o Sol distante até o verme que se arrasta sob nossos pés; e Jesus, emissário d'Ele na Terra, modificou o mundo inteiro. Ensinando e amando, aproximou as criaturas entre si, espalhou as sementes da compaixão fraternal, dando ensejo à fundação de hospitais e escolas, templos e instituições, consagrados à elevação da Humanidade. Influenciou, com seus exemplos e lições, nos grandes impérios, obrigando príncipes e administradores, egoístas e maus, a modificarem programas de governo. Depois de sua vinda, as prisões infernais, a escravidão do homem pelo homem, a sentença de morte indiscriminada a quantos não pensassem de acordo com os mais poderosos, deram lugar à bondade salvadora, ao respeito pela dignidade humana e pela redenção da vida, pouco a pouco.

Além dessas gigantescas obras nos domínios da experiência material, Jesus, convertendo-se em Mestre Divino das almas, fez ainda muito mais.

Provou ao homem a possibilidade de construir o Reino da Paz dentro do próprio coração, abrindo a estrada celeste à felicidade de cada um de nós.

Entretanto, o maior embaixador do Céu para a Terra foi igualmente criança.

Viveu num lar humilde e pobre, tanto quanto ocorre a milhões de meninos, mas não passou a infância despreocupadamente. Possuiu companheiros carinhosos e brincou junto deles.

No entanto, era visto diariamente a trabalhar numa carpintaria modesta. Vivia com disciplina. Tinha deveres para com o serrote, o martelo e os livros. Por representar o Supremo Poder na Terra, não se movia à vontade, sem ocupações definidas. Nunca se sentiu superior aos pequenos que o cercavam e jamais se dedicou à humilhação dos semelhantes.

Eis por que o jovem mantido à solta, sem obrigações de servir, atender e respeitar, permanece em grande perigo.

Filho de pais ricos ou pobres, o menino desocupado é invariavelmente um vagabundo. E o vagabundo aspira ao título de malfeitor, em todas as circunstâncias. Ainda que não possua orientadores esclarecidos no ambiente em que respira, o jovem deve procurar o trabalho edificante, em que possa ser útil ao bem geral, pois se o próprio Jesus, que não precisava de qualquer amparo humano, exemplificou o serviço ao próximo desde os anos mais tenros, que não devemos fazer a fim de aproveitar o tempo que nos é concedido na Terra?

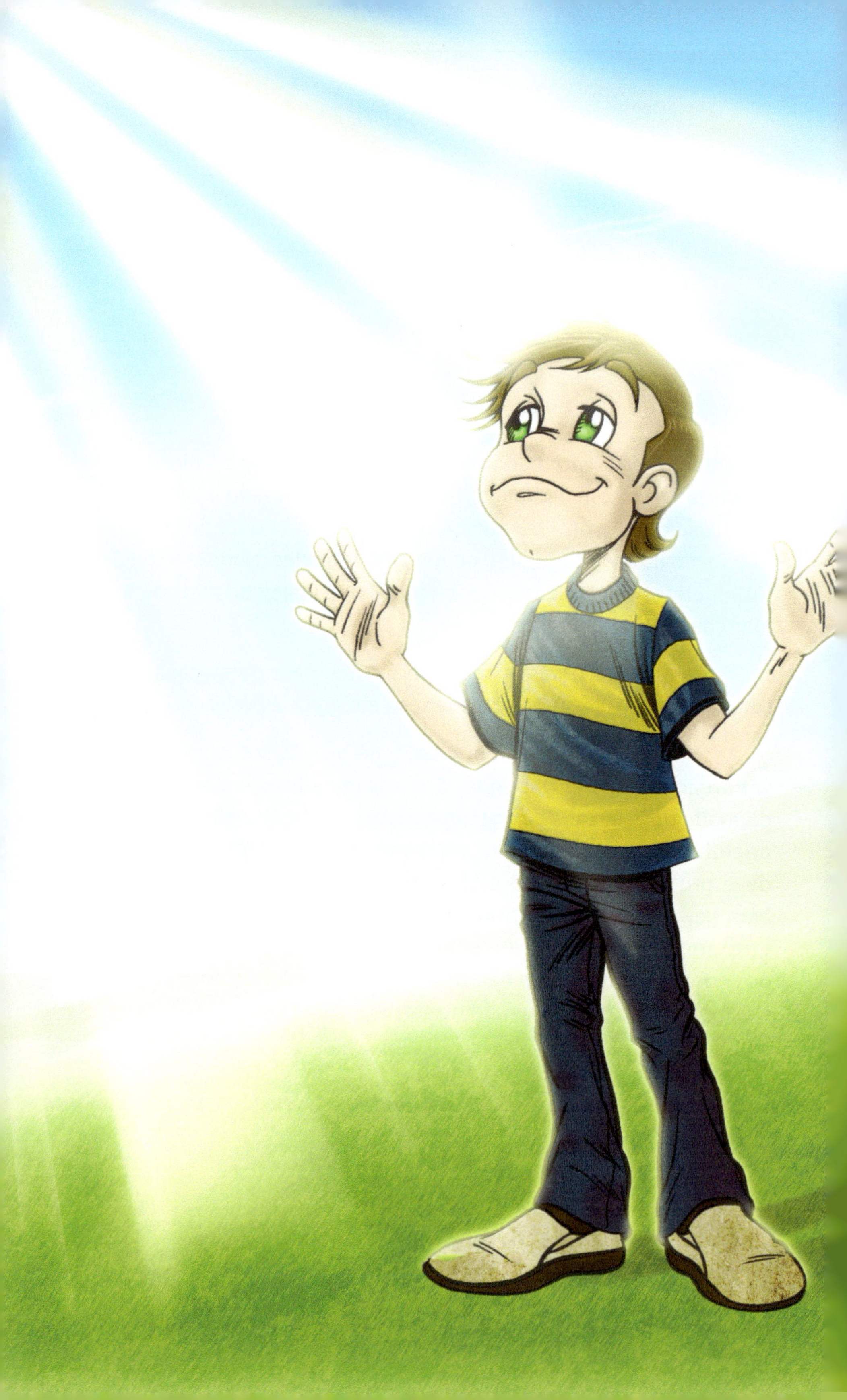

50 Oração dos jovens

Mestre Amado!

Aceita-nos o coração em teu serviço, e, Senhor, não nos deixes sem a tua lição.

Ensina-nos a obedecer na extensão do bem para que saibamos administrar para a glória da vida.

Corrige-nos o entusiasmo a fim de que a paixão inferior não nos destrua.

Modera-nos a alegria, afastando-nos do prazer vicioso.

Retifica-nos o descanso para que a ociosidade não nos domine.

Auxilia-nos a gastar o Tesouro das Horas, distanciando-nos das trevas do Dia Perdido.

Inspira-nos a coragem, sustando-nos a queda nos perigos da precipitação.

Francisco Cândido Xavier/ Neio Lúcio

Orienta-nos a defesa do Bem, do Direito e da Justiça a fim de que não nos convertamos em simples joguetes da maldade e da indisciplina.

Dirige-nos os impulsos para que a nossa força não seja mobilizada pelo mal.

Ilumina-nos o entendimento, de modo a nos curvarmos felizes ante as sugestões da Experiência e da Sabedoria, a fim de que a humildade nos preserve contra as sombras do orgulho.

Senhor Jesus, nosso valoroso Mestre, ajuda-nos a estar contigo, tanto quanto estás conosco!

Assim seja.

ALVORADA CRISTÃ				
EDIÇÃO	IMPRESSÃO	ANO	TIRAGEM	FORMATO
1	1	1948	8.948	11,0x16,5
2	1	1958	10.000	11,0x16,5
3	1	1966	5.052	11,0x16,5
4	1	1970	10.000	11,0x15,5
5	1	1977	10.200	11,0x15,5
6	1	1981	10.200	11,0x15,5
7	1	1983	10.200	11,0x15,5
8	1	1986	10.200	11,0x15,5
9	1	1987	15.200	11,0x15,5
10	1	1991	20.000	11,0x15,5
11	1	1996	28.800	11,0x15,5
12	1	2004	1.000	11,0x15,5
13	1	2005	2.000	11,0x15,5
14	1	2007	1.000	11,0x15,5
14	2	2008	2.000	11,0x15,5
14	3	2009	700	11,0x15,5
15	1	2010	5.000	16x23
15	2	2011	3.000	16x23
15	3	2013	3.000	16x23
15	4	2014	1.000	16x23
15	5	2014	2.000	16x23
15	6	2015	1.000	16x23
15	7	2016	2.800	16x23
15	8	2018	200	16x23
15	9	2018	1.000	16x23
15	10	2019	1.000	16x23
15	11	2022	200	15,5x23,0
15	IPT*	2022	200	15,5x23,0
15	13	2022	1.000	15,5x23,0
15	14	2023	1.000	15,5x23,0
16	1	2024	1.500	15,5x23,0
15	IPT	2025	410	15,5x23,0

*Impressão pequenas tiragens

FEB editora
Livro espírita para um novo mundo
www.febeditora.com.br
@febeditoraoficial
@febeditora

Conselho Editorial:
Carlos Roberto Campetti
Cirne Ferreira de Araújo
Evandro Noleto Bezerra
Geraldo Campetti Sobrinho – Coord. Editorial
Jorge Godinho Barreto Nery – Presidente
Maria de Lourdes Pereira de Oliveira
Miriam Lúcia Herrera Masotti Dusi

Produção Editorial:
Elizabete de Jesus Moreira

Revisão:
Ana Luiza de Jesus Miranda
Ligia Dib Carneiro

Capa:
Impact Storm

Projeto gráfico e diagramação:
Luisa Jannuzzi Fonseca

Ilustrações:
Impact Storm

Normalização técnica
Biblioteca de Obras Raras e Documentos Patrimoniais do Livro

Esta edição foi impressa no sistema de Impressão pequenas tiragens, em formato fechado de 155x230 mm e com mancha de 110x160 mm. Os papéis utilizados foram o Couche fosco 90 g/m² para o miolo e o Cartão 250 g/m² para a capa. O texto principal foi composto em fonte Calibri Regular 12/15 e os títulos em Calluna Regular 22/30. Impresso no Brasil. *Presita en Brazilo.*